만화로 보는
수메르 신화

일러두기

- 본 저작은 저널리스트이자 고고학자인 제카리아 시친의 외계문명설을 포함하고 있습니다.
  신화 해석에서 나올 수 있는 다양한 가설을 수용했다는 점 미리 밝힙니다.
- 수메르 역사 후대의 경향으로 본 저작에는 수메르의 신과 셈족의 신이 일부 섞여 등장함을 알립니다.

만화로 보는 수메르 신화

초판 1쇄 발행 2023년 3월 30일

지은이 멍개

펴낸이 조기흠
기획이사 이홍 / **책임편집** 최진 / **기획편집** 이수동, 박소현, 김혜성
마케팅 정재훈, 박태규, 김선영, 홍태형, 임은희, 김예인 / **제작** 박성우, 김정우
디자인 리처드파커 이미지웍스

펴낸곳 한빛비즈(주) / **주소** 서울시 서대문구 연희로2길 62 4층
전화 02-325-5506 / **팩스** 02-326-1566
등록 2008년 1월 14일 제 25100-2017-000062호

ISBN 979-11-5784-651-1 03900

이 책에 대한 의견이나 오탈자 및 잘못된 내용에 대한 수정 정보는 한빛비즈의 홈페이지나
이메일(hanbitbiz@hanbit.co.kr)로 알려주십시오. 잘못된 책은 구입하신 서점에서 교환해드립니다.
책값은 뒤표지에 표시되어 있습니다.

⌂ hanbitbiz.com facebook.com/hanbitbiz post.naver.com/hanbit_biz
youtube.com/한빛비즈 instagram.com/hanbitbiz

Published by Hanbit Biz, Inc. Printed in Korea
Copyright © 2023 멍개 & Hanbit Biz, Inc.
이 책의 저작권과 출판권은 멍개와 한빛비즈(주)에 있습니다.
저작권법에 의해 보호를 받는 저작물이므로 무단 복제 및 무단 전재를 금합니다.

지금 하지 않으면 할 수 없는 일이 있습니다.
책으로 펴내고 싶은 아이디어나 원고를 메일(hanbitbiz@hanbit.co.kr)로 보내주세요.
한빛비즈는 여러분의 소중한 경험과 지식을 기다리고 있습니다.

| 차례 |

	프롤로그	**006**
	캐릭터 소개	**012**
1화	최초의 문명을 찾아서	**015**
2화	신이 선사한 수메르 문명	**029**
3화	수메르에서 찾은 신화의 기원	**043**
4화	그 전에 수메르가 있었다	**057**
5화	태양계 비밀의 행성	**071**
6화	7은 왜 행운의 숫자일까?	**085**
7화	구약과 수메르 역사	**099**
8화	메소포타미아의 창세기 (1)	**113**
9화	메소포타미아의 창세기 (2)	**127**
10화	메소포타미아의 창세기 (3)	**141**
11화	가장 처음의 이야기	**155**
12화	수단을 가리지 않는 신들의 사랑	**169**
13화	오직 신들만 지구에 살아갈 때	**183**
14화	사랑과 야망, 권력의 분배	**197**
15화	신들의 상징과 뜨거운 사랑	**211**

16화	최고가 되기 위한 전투	225
17화	안주의 반란과 그의 정체	239
18화	인공수정으로 창조된 인류	253
19화	신이 대홍수를 일으킨 이유	267
20화	영생을 받은 인간의 조상	281
21화	이집트 대피라미드의 비밀	295
22화	그 많던 신들은 어디로 갔나?	309
23화	사라진 수메르의 역사	323
24화	신들의 재림, 축복 혹은 종말	337

에필로그		351
맺음말	신화의 기원을 찾아서	359
참고문헌		362

프롤로그

"어디서 왔는가? 우리는 누구인가? 우리는 어디로 갈 것인가?"

*화가 폴 고갱의 작품명 인용

우리와 동물의 근본적인 차이는 인간만이 지혜를 가진다는 것입니다.

인간이라면 한 번쯤 우리가 어디서 왔는가라는 의문을 가집니다.

저는 종교를 가지려고 노력했지만 신의 창조론은 받아들이지 못했습니다.

다윈의 진화론도 잘 이해가 가지 않았습니다.

저는 호기심이 많고 정답을 알고 싶어 하는 사람이라
인간에 대한 굼뜬 이야기는 제 마음을 흔들 수 없었습니다.

제 꿈은 세 개였습니다.

저는 닿을 수 없는 것에 대한 열망을 가진 것 같습니다.

그중 이집트 기자의 피라미드는 너무나 경이로웠습니다.
고대 이집트 문명은 어떻게 이러한 건설 기술을 보유한 것일까요?

그런데 이집트 문명 이전에 수메르라는 문명이 있었고,

최초의 문명이 오랜 시간동안
인류에게서 잊혀져 있었다니 호기심이 생길 수밖에 없었습니다.

최초의 문명은 최초의 신화를 갖고 있겠죠.
어쩌면 인간이 어디서 왔는지 알 수 있을지도 모른다고 생각했습니다.

신화들이 갖는 공통적인 의미의 시초는
분명 수메르 신화일 겁니다.

땅에 사는 수메르 신 '아눈나키'는 600명이나 되었다고 합니다.

수메르 신화에서 가장 흥미로웠던 점은
초고대문명설의 미스터리를 가지고 있다는 것이었습니다.

저는 흥분하지 않을 수 없었습니다.

앞서 소개한 수메르의 이야기들이 당신의 가슴을 두근거리게 하나요?

공부를 하는 동안 저는 가슴이 많이 뛰었고, 이 책에는 그 열정이 가득 담겨 있답니다.

캐릭터 소개

알랄루
이전의 왕
아누의 삼촌

아누
하늘의 신
신들의 왕

엔키
지혜와 물의 신
아누의 장자
첩의 자식

엔릴
폭풍의 신
아누의 아들
적통 후계자

닌마
산파의 여신
아누의 딸

난나
달의 신
엔릴의 장자

안주
알랄루의 손자

닌우르타
농업과 전사 신
엔릴의 적통

이쉬쿠르
천둥번개의 신
엔릴의 막내아들

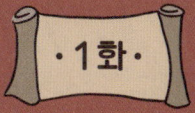
· 1화 ·

최초의 문명을 찾아서

세계에는 지역마다 수많은 신화가 있다.
신화의 기원은 어디일까?

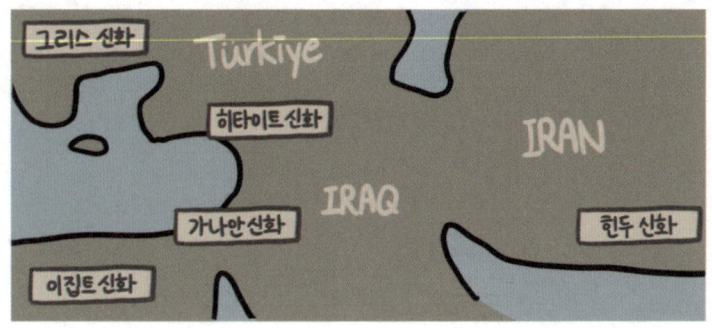

서구 사람들은 그리스에서 문명이 시작되었다고 생각했다.

하지만 실제로는 그리스보다 이집트 문명이 훨 앞서 있다.

그리스 문명이 꽃을 피운 시기는 기원전 500년경.

이집트 왕조의 시작은 기원전 3100년에 시작되었다.

그렇다면 이집트 문명이 그리스에 영향을 준 것일까?

그리스 문명을 살펴보자.
초기 문명인 미노아 문명은 크레타섬에서 시작되어

그리스 본토로 옮겨가며 미케네 문명이 이루어졌다.

또한 미노아 문자*는 셈어가 기원으로,
이집트 문명이 그리스에 영향을 준 것은 아니었다.

* 크레타·미케네 문화권에서 쓰인 문자.

현재 중동 지역인 근동의 언어가 바로 셈어이고
셈어에는 아랍어, 히브리어, 아카드어가 포함된다.

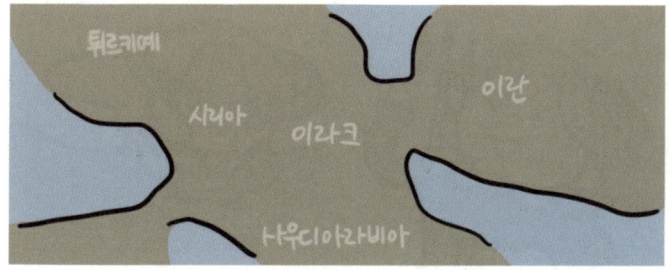

'셈'의 어원은 구약 노아의 축복을 받은 맏아들의 이름이며

그는 유대인과 아랍인의 조상으로 여겨진다.

그리스 문명은 메소포타미아(근동) 지역에서
시작된 것이었다.

지중해에서 오는
아프로디테

소아시아에서
말을 데려오는 포세이돈

근동의 역사를 살피면
기원이 되는 문명을 찾을 수 있지 않을까?

메소포타미아 지역이
곧 근동 지역!

기원전 약 2000년경에 근동 지역에
아시리아와 바빌로니아라는 두 제국이 공존했다.

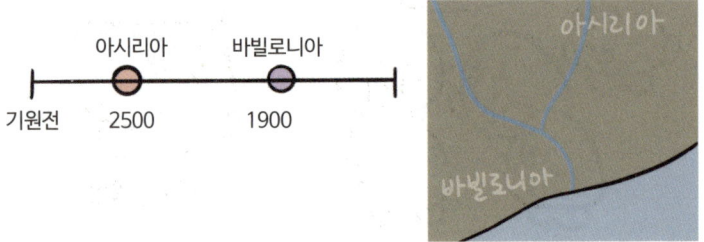

아시리아와 바빌로니아는 다신교 사회였는데
각각의 주신이 아슈르인가, 마르둑인가만 달랐다.

아시리아의 주신 아슈르   바빌로니아의 주신 마르둑

두 제국은 종교와 천문학, 수학도 같았으며
공통의 언어인 '아카드어'를 사용했다.

이 둘은 본래 같은 민족이었던 거다.

아카드어는 최초의 셈어로,
두 제국은 자신들이 아카드어를 만들었다고 주장하지 않는다.

그들의 점토판 기록에는 앞선 시대를
복사한 것이라는 문구가 적혀 있었다.

실제 아카드어
(쐐기 문자)

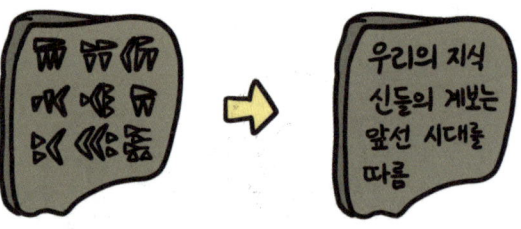

구약과 근동의 역사를 함께 살펴본다면
성서가 실제의 이야기를 바탕으로 했음을 알게 될 것이다.

많은 학자들이 구약의 '니므롯'을 사르곤이라 추측한다.

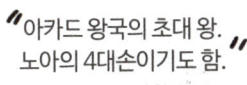

사르곤왕은 엔릴 신의 은총으로
아카드 왕국을 세웠다고 기록했다.

기원전 3000년경 아시리아와 바빌로니아 이전에
아카드 왕국이 존재한 것이다.

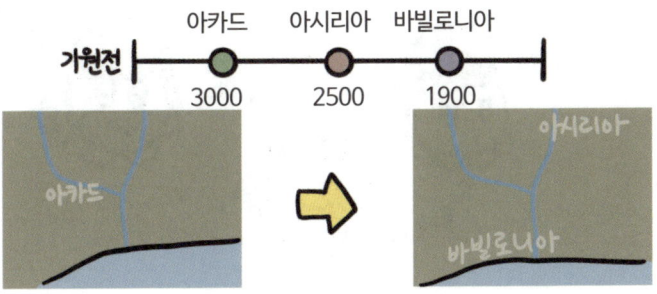

사르곤왕의 연대기에 따르면,
키시의 고문이던 사르곤이 도시들을 파괴하며

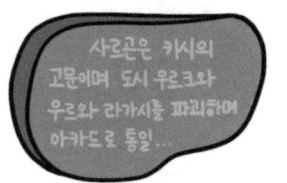

아카드 왕국으로 통일했다고 기록되어 있다.

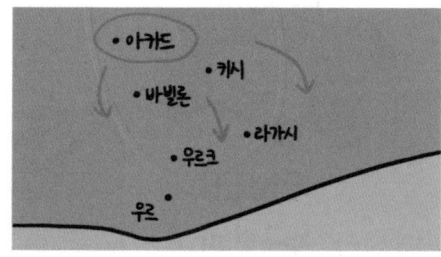

아카드 왕국 이전에 수많은 도시국가가 공존한 것이다.

'우르크'는 구약의 에렉이며
'우르'는 아브라함의 고향인 우르이다.

'악갓'은 아카드를 의미하는 것으로
구약과 근동의 역사는 분명 연관되어 있다.

시날 지방: ?
바빌론: 바빌로니아의 수도
에렉: 도시 우르크
악갓: 아카드

또 설형문자인 아카드어는 어떻게 만들어진 것일까?

아시리아와 바빌로니아
공통어 아카드어로 대화 중

아카드어는 음절문자이지만 기호를 쓰기도 했는데
이것은 이전의 상형문자가 전해 내려왔음을 의미한다.

아시리아의 니네베 도서관에서 수많은 유적이 발굴됐는데
↓
구약의 니느웨

"수메르어는 변하지 않았다"라는 기록으로
최초의 언어는 수메르어임이 밝혀졌다.

이로써 학자들이 근동의 도시국가 시대를
최초의 문명으로 인정했다.

그리고 그들의 영토를 '수메르'라 부르기로 했다.

수메르는 남부 근동 지역을 말하는 것이며,
구약의 시날 지방이 바로 수메르이다.

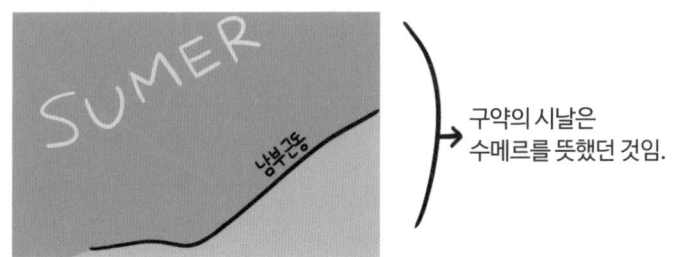

구약의 시날은
수메르를 뜻했던 것임.

최초의 도서관

▲ 길가메시 서사시

1850년 영국의 고고학자 레이어드 Sir Austen Henry Layard가 이라크의 도시 모술에서 과거 신아시리아 제국의 수도였던 니네베 유적을 발견했다. 유적 안에는 3만여 개의 점토판을 모아둔 장소가 있었는데, 그곳에서 〈에누마 엘리시〉와 〈길가메시 서사시〉가 발견됐다.

왕 아슈르바니팔은 니네베라는 아름다운 도시를 지어 새로운 수도로 지정했다. 왕은 자신의 이름을 후대에 남기기 위해 썩지 않는 점토판을 모아 두는 장소를 만들었다. 그리고 서기관을 시켜 당시 학문들과 구전으로 내려오는 이야기를 기록하게 한 뒤 빼앗은 유적들과 함께 보관했다.

구약에 등장하는 도시 니느웨(히브리어), 즉 니네베(라틴어)가 발견되자 종교인들은 열광했다. 하지만 도시 모술이 IS에 점령당하면서 수많은 유적이 파괴됐고, 지금도 재건 중이다. 유럽과 이라크의 박물관으로 옮긴 유물들만 지켜지고 있다. 니네베 도서관은 세계 역사상 최초의 도서관으로 알려져 있다.

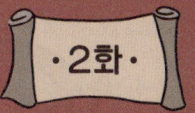

신이 선사한 수메르 문명

수메르 문명은 기원전 5000년경 갑자기 시작됐다.

그들은 간단한 상형문자를 쓰다
점점 발전해 쐐기문자형의 설형문자를 썼다.

흙으로 빚은 점토판에 기록을 남기기도 했다.

수메르는 여러 도시국가로 이뤄진 형태였다.

최초의 도시는 기원전 4000년경에 건설된 에리두이다.

수메르 종교에서 지혜의 신 엔키가 세운 도시로 알려져 있다.

도시마다 왕이 존재했고,
그들의 명칭은 '엔시' 혹은 '루갈'이었다

그들이 믿는 종교는 다신교로 같았지만,

도시마다 수호신으로 여기는 신은 달랐다.

수메르인은 최초의 농사를 했다.

운하를 만들어 4계절 내내 물을 댈 수 있었다.

'셰켈'이라는 은화를 사용했는데 현재에도 이스라엘의 화폐로 쓰인다.

그들의 주식은 보리였으며 곡물로 빵과 죽을 만들었다.

맥주를 만들어 먹기도 했으며 목축을 시작했다.

양고기는 매우 흔했고, 돼지고기는 아주 맛있는 고기로 여겨졌다.

도시의 왕들은 신의 선택으로 왕위에 올랐다.

도시 중앙에 계단 형식의 신전, 지구라트를 세웠다.

라가시의 왕 구데아는 신전의 설계도를 신이 주셨음을 주장하며 21만 명을 동원해 지구라트를 건설했다.

지구라트는 '하늘로 가는 계단' 역할을 했다.

수메르의 그림에는 왕이 신을 숭배하는 모습이 표현된다.

당시의 고급 음식인 거위나 오리를 신의 제사에 올렸다.

기원전 2100년경,
우르의 우르남무왕이 최초의 법률을 반포했다.

그 법률은 니푸르에서 발견됐고, 함무라비 법전에 큰 영향을 준다.

기원전 1700년경 바빌론의 함무라비왕은
정의의 신 우투에게서 법률을 전달받았다고 한다.

수메르는 지역 특성상 광석이 부족했음에도
야금술이 발달했다.

대신 주요 자원인 석유가 풍부하여
그것으로 접합을 하거나 그림을 그리고 길을 만들었다.

신기하게도 먼 곳에서 광석을 옮겨왔다는 기록이 있다.
수메르인은 어디서 광석을 가져온 것일까?

수메르인은 60진법을 만들어 기본 수학체제로 사용했다.

원의 360도, 1시간은 60분, 1분은 60초는 모두 수메르의 산물!

그들의 언어 중에 '샤르'라는 단어는 60의 배수인 3600을 뜻한다.

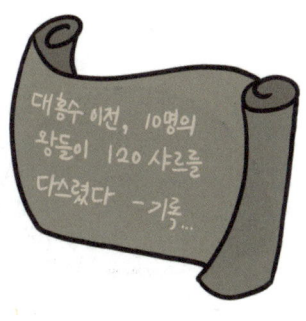

현대의 12별자리는 수메르인이 만들었다.

① 구안나 (황소자리)
② 마시타브바 (쌍둥이자리)
③ 두브 (게자리)
   ⋮
⑫ 쿠말 (양자리)

황도 12궁을 '아누의 길', 북반구 별자리를 '엔릴의 길', 남반구의 별자리는 '엔키의 길'이라 칭했다.

그들의 천체 기록을 보면 지구가 구형임을 알고 있던 것이다.

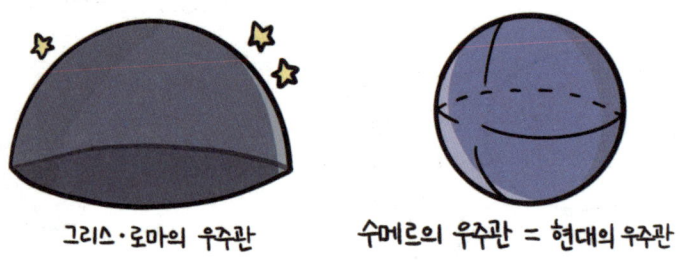

놀랍게도 수메르인은 세차운동도 알고 있었다.

자신들의 시대가 금우궁의 시대임을 알고 있었고,
실제로 수메르를 포함한 여러 지역에서 황소를 숭배했다.

수메르인은 모든 기술과 과학을 신이 주신 선물이라 했다.
당시에 '신'은 정말 존재했던 걸까?

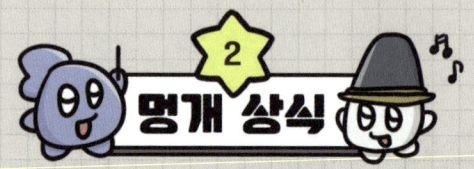

수메르 '최초'의 것들

▲ 유적에서 발견된 인장

최초의 문명 수메르에서 처음 시작된 것들이 있다. 최초의 창조론 〈에누마 엘리시〉가 있고, 최초의 영웅담 〈길가메시 서사시〉는 우루크의 왕 길가메시의 모험을 다룬다. 길가메시 서사시에서 최초의 대홍수가 발견됐는데, 우트나피쉬팀이라는 인물이 대홍수 이전의 도시들을 언급하며 이들이 신의 은총으로 대홍수에서 살아남았다고 기록되어 있다.

기원전 3000년경 수메르에는 학교가 있었다. 보통 학교에서는 필경사가 되기 위해 경제와 행정을 공부했고, 그 중 부유한 이들은 교사가 됐다. 유적에서 발견된 한 에세이에는 아이가 학교에 가기 싫다고 말썽을 부려 아버지가 한탄하는 내용이 담겨 있다.

▲ 니푸르 지도

기원전 1750년경의 함무라비 법전보다 300년이나 앞선 우르남무 법전도 발견됐는데, 법전에는 죄에 대한 처벌로 벌금형을 선고했다는 기록이 있다. 기원전 1500년경에는 수메르의 도시 니푸르가 기록된 지도가 발견되기도 했는데, 수메르어와 아카드어를 섞어 기록한 것이었다. 바빌로니아 시대에도 수메르어가 전해지고 있었다는 증거다.

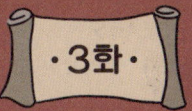

수메르에서 찾은 신화의 기원

'신화'란 신의 설화를 뜻한다.

신은 자신들의 형상과 같은 인간을 창조하며,

초자연적인 힘을 사용한다.

신은 인간에게 있어 종교이자 절대적 존재이다.

실제로 신이 존재하는 것인지 알 수 없지만,

신의 존재는 아름답고 웅장한 창작물들을 남겼다.

그런데 신기하게도 세계의 신화들은 스토리가 비슷하다.

(1) 처음 신들은 하늘에서부터 내려온다.

(2) 신은 하늘과 땅에 공존한다.

(3) 신은 자신과 같은 모습으로 인간을 창조한다.

(4) 신은 인간처럼 기뻐하고 슬퍼하는 감정을 가진다.

(5) 신들은 혈연관계이며 권력을 나누어 가진다.

(6) 주신은 폭풍과 번개 등 기후와 관련한 힘을 가진다.

(7) 주신이 되기 위해 강력한 적을 물리친다.

(8) 주신을 상징하는 동물은 황소이다.

(9) 주요 신들은 무조건 12명으로 구성되어야 한다.

(10) 12명의 신과 우주의 천체들을 짝짓는다.

(11) 신이 대홍수를 일으켜 인간을 멸하려고 한다.

그리스 신화의 아프로디테와 제우스는
지중해와 소아시아 부근에서 나타나 그리스로 향한다.

이집트 파라오는 죽으면 낙원이 있다는 동쪽으로 향한다.

성서의 에덴동산 위치는
티그리스강(힛데겔)과 유프라테스강(유브라데)을 끼고 있다.

초기 문명은 메소포타미아 지역을 중심으로 흩어져 있다.

〈 세계 4대 문명 〉

신화의 단서들은 메소포타미아(근동) 지역을 가리킨다.

최초의 문명 수메르는 모든 신화의 기원으로 볼 수 있다.

기원전 3000년경 수메르가 번성할 무렵,
서부에는 아모리인, 북부에는 후르리인이 살았다.

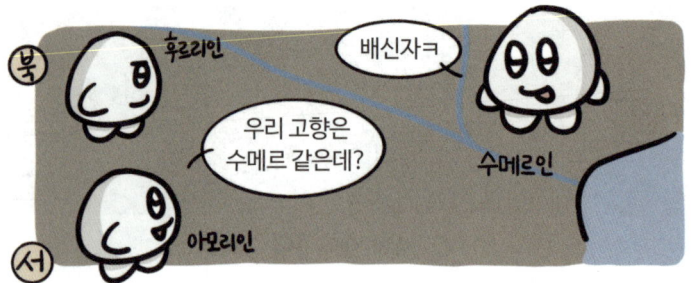

수메르 기록에는 달의 신 '난나'가
후르리인의 도시인 하란으로 귀양을 떠났다고 하며,

아모르인의 도시 마리에는
수메르어로 된 신의 이름 기록이 있었다.

수메르 신들은 '하늘에서 내려온 자'라는 뜻의
아눈나키(Anunnaki)로 불리었다.

수메르어로 'Anu'는 하늘을 뜻하고 'Ki'는 땅을 뜻한다.

수메르인의 기록에 따르면
아눈나키는 새와 같은 날개와 모자를 쓴 모습으로 묘사된다.

여기서 창세기 6장을 주의 깊게 살펴보자.
'네피림'은 누구이며 '명성 있는'의 의미는 무엇일까?

구약에서 해석된 '네피림'은 히브리어로 '주시자'를 뜻한다.

'명성 있는'은 히브리어 'Shem'인데, 이것은 수메르어로 'Mu'였다.

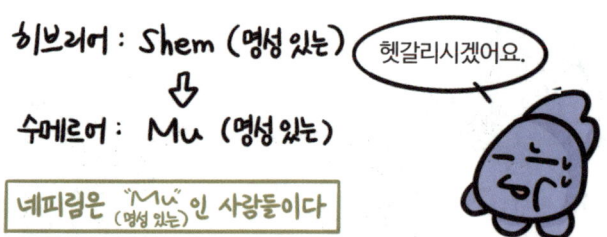

수메르 왕은 신 옆에 '신성한 새'가 있다고 기록했다.

라가시의 또 다른 지도자였던 '우루크아기나'의 기록이다.

실제 기록에서의 'Mu'가 수메르인에게는 '신들의 전차'라는 뜻으로 사용되었다.

수메르어 체계

▲ 수메르어가 새겨진 점토판

현대 셈족의 대표적인 언어로 아랍어와 히브리어가 있다. 최초의 셈어로 알려진 아카드어는 기원전 3000년경부터 사용됐다. 아카드어는 기원전 4000년경부터 사용된 수메르어를 기원으로 한다. 기원전 2000년대에 수메르어-아카드어 사전이 발견되어 마침내 수메르어를 해석할 수 있게 됐다.

수메르인은 처음에 상형문자를 사용했고, 후에는 입으로 내는 소리글자를 쐐기문자로 기록했다. 수메르어는 '주어+목적어+동사'의 체계로 이루어지며, 같은 소리 다른 의미의 언어를 사용하기도 했다. 한국어를 예로 들어 '배'가 인체의 한 부분이면서 과일을 의미하는 것과 비슷하다. 1997년 히브리 대학의 조철수 교수는 '한국어와 수메르어가 같은 뿌리를 두고 있다'는 주장을 하기도 했다. 수메르어와 한국어가 같은 교착어이며, 어휘가 비슷하다는 내용의 주장이었다. 조철수 교수는 '어떤 특성을 가진 사람'을 뜻하는 한글의 '내기'와 수메르어 'naki'의 의미가 비슷한 사례, 수메르어 'Anu(하늘)'의 발음이 한글의 '하늘'과 비슷한 사례 등을 들었다.

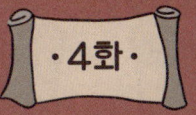

· 4화 ·

그 전에 수메르가 있었다

기존과 다른 시선으로 창세기 6장 4절을 본다면,

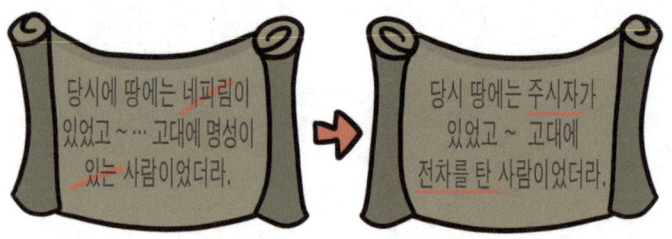

네피림은 '하늘에서 내려온 자'라고도 할 수 있기에
수메르와 비교해보면 이들이 곧 아눈나키라고 할 수 있다.

아눈나키가 타는 신들의 전차 'MU'는
수메르 기록에 등장한다.

하늘에서 비행하거나

날아갈 준비를 하거나

수메르어로 신을 딘기르(DIN.GIR)라 하였고,
아눈나키는 신들의 집단을 의미했다.

딘기르의 상형문자를 보면 꽤나 독특한 형태를 지닌다.

딘기르의 상형문자가 신들의 전차 'MU'를 형상화한 것일까?

창세기에 등장하는 바벨탑은
실제로 바빌로니아에 세워진 지구라트이다.

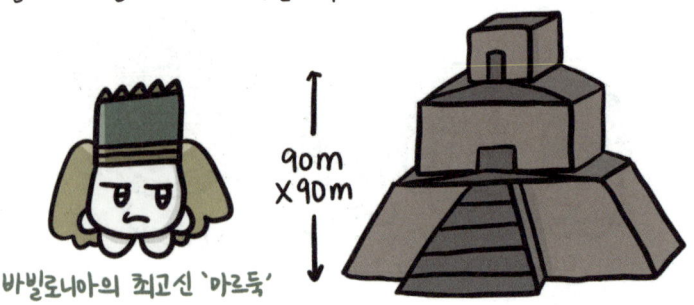

바벨탑 이야기에서 '사람들이 이름을 낸다'는 것은
어떤 의미가 내포된 것일까?

수메르식으로 해석한다면, 지구라트는 신들의 'MU'를
보관한 곳이었으며 'MU'는 신처럼 되게 해준다.

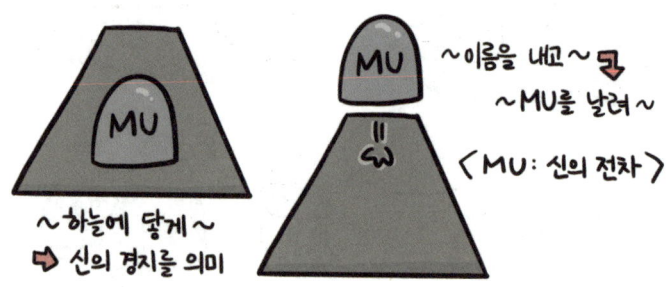

수메르 도시마다 지구라트는 높이 건설된 신전이었고,
그 안에는 신이 머물렀다.

'MU'는 '불을 뿜는 돌'이라는 의미도 갖고 있어
신들의 전차는 현대적으로 보면 로켓과 비슷해 보인다.

신의 방을 묘사하는 기록에서도
신이 로켓과 유사한 방 안에 있음을 볼 수 있다.

이집트 창조 신화에 의하면 최초의 신들은
'하늘의 원반'을 타고 내려왔다.

이집트인들은 신이 타고 온 물체를 '벤벤'이라 하며
뾰족한 사각뿔로 묘사하였다.

신으로 여겨지는 파라오들은 죽으면 '벤벤'을 타고
낙원이 있는 동쪽으로 떠난다.

이집트가 근동의 영향을 받은 것을 보면
'벤벤'과 'MU'는 같은 것으로 짐작된다.

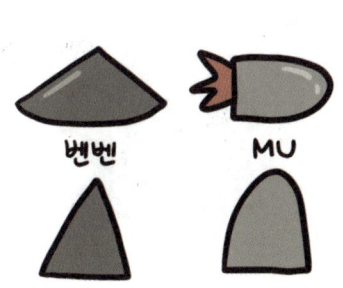

이집트의 '벤벤'은 후에 오벨리스크의 꼭대기를 장식했다.

피라미드의 사각뿔 형태도 '벤벤'으로부터 온 것이었다.

고대 이집트에서 가장 성스러운 도시의 이름은 'AN'이다

아누가 수메르 최고신이었던 만큼 수메르 문명이 이집트 문명으로 이어져온 것이다.

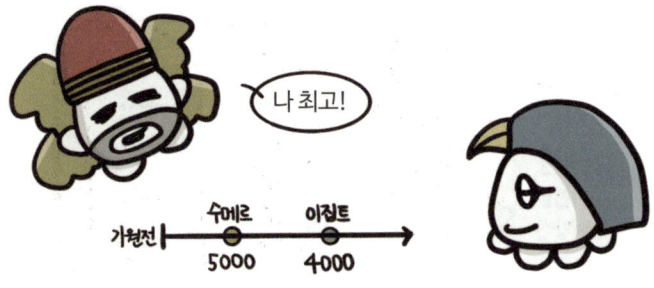

파라오가 죽어서 동쪽의 낙원으로 가는 곳은 수메르 신들의 낙원인 딜문의 위치와도 같다.

수메르 신은 갑자기 등장하거나
먼 곳을 자유롭게 날아다닌다고 묘사된다.

'MU'의 존재가 신의 비현실적인 능력 중 하나인 것이다.

수메르 신들은 헬멧과 같은 모자를 썼는데
그것은 'MU'를 탈 때의 보호장치가 아니었을까?

수메르인에게 낙원이라 불리는 틸문은
하늘에 닿을 수 있는 장소라고 알려져 있다.

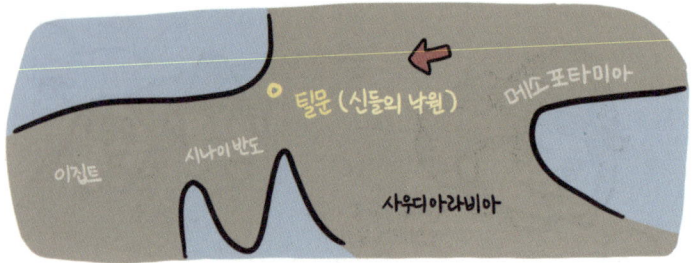

틸문에서 하늘로 올라가는 전차를 'GIR'라 하였고,

지구라트에 보관되던 전차는 'MU'인 것이다.

도시마다 있던 'MU'는 자유롭게 비행이 가능했다.

틸문의 'GIR'는 아누가 있는 하늘로 올라가는 것으로 길고 험난한 비행길이었다.

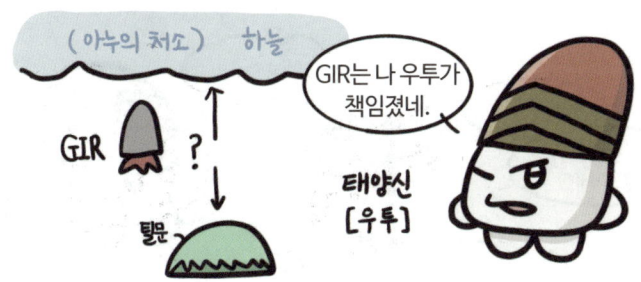

신들이 갑자기 나타나거나 빠르게 이동한 것은 'GIR'가 아닌 'MU'를 사용해서였다.

틸문은 영생을 얻은 인간이나 신만이
출입이 가능했던 낙원이다.

'길가메시 서사시'에서 길가메시는
영생을 얻기 위해 틸문으로 여행을 떠나기도 한다.

수메르인에게 이곳은 하늘로 가는 유일한 장소였다.

수메르의 모든 기술은 신이 주었다고 기록되어 있다.

아눈나키를 가상의 신이 아닌, 인간과 같은 모습의 생명체라고 생각해보면 어떨까?

그들이 '하늘=우주'에서 온 것이며
지구인보다 앞선 기술과 지식을 가진 지성체라면···?

그들은 어디에 있는가?

▲ SMACS 0723 은하단

태양은 항성이며, 항성을 공전하는 것은 행성이다. 우리가 살아가는 지구가 바로 행성이다. 아직 태양계에서조차 지적 생명체가 발견된 적은 없지만, 외계에는 지적 생명체가 반드시 존재하리라 추측된다. 근거는 우리, 인간이다.

1950년 위대한 과학자들이 모여 논의했는데, 외계 문명은 있으며 이미 일부는 지구에 존재할 것이라는 결론을 냈다. 당시 미국의 물리학자 엔리코 페르미는 이렇게 말했다. "그럼 그들은 어디에 있는가?" 이것이 '페르미 역설'의 시작이었다. 외계 지적 생명체가 아직 우리에게 정체를 드러내지 않는 이유는 뭘까? 이유를 간단히 말하면, 우주는 무한히 거대하기 때문이다.

지구는 태양계에 속해 있다. 태양은 우리은하에 속해 있다. 우리은하에는 수천억 개의 태양 같은 항성이 존재한다. 그리고 우주에는 수천억 개의 은하가 존재한다. 빛은 진공에서 1초에 약 30만km를 간다. 태양과 가장 가까운 항성에 가는 데 빛의 속도로 4년(광년)이 걸린다. 그런데 인간은 아직 빛의 속도로 이동할 수 있는 기술이 없다. 우주에 전파를 쏘아 우리의 존재를 단순히 누군가에게 알릴 뿐이다.

태양계 비밀의 행성

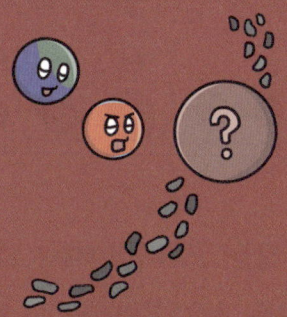

수메르인은 놀라운 천체지식을 가졌다.

12개의 천체를 위대한 12명의 신들과 짝지었다.

태양계에서 달과 태양을 포함해도
11개의 천체가 존재하는데 1개가 더 있던 것일까?

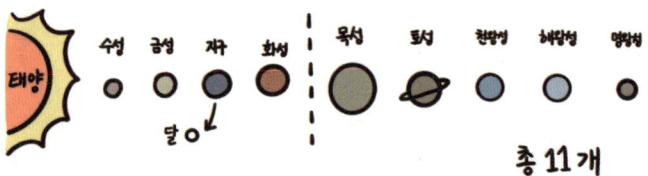

➡ 고대에는 달을 신성시 했기 때문에 포함

현재 명왕성은 왜소행성이지만, 주요 행성이니 포함

수메르인의 기본 수학체계인 60진법은
위대한 12신에게 적용되었다.

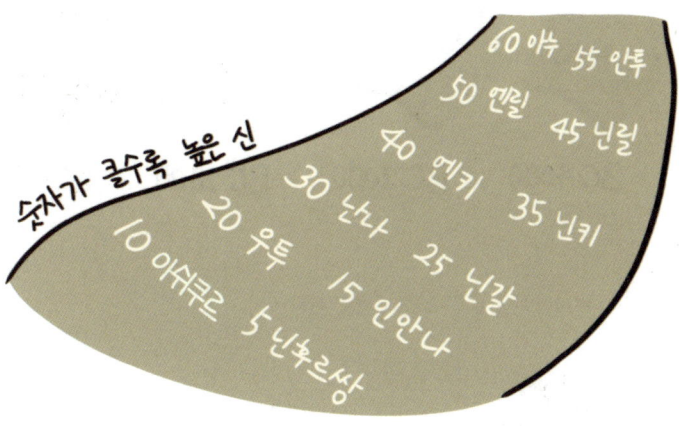

이들은 모두 혈연관계로 이루어지며 신의 이름 대신
숫자로 그 신을 표현하기도 하였다.

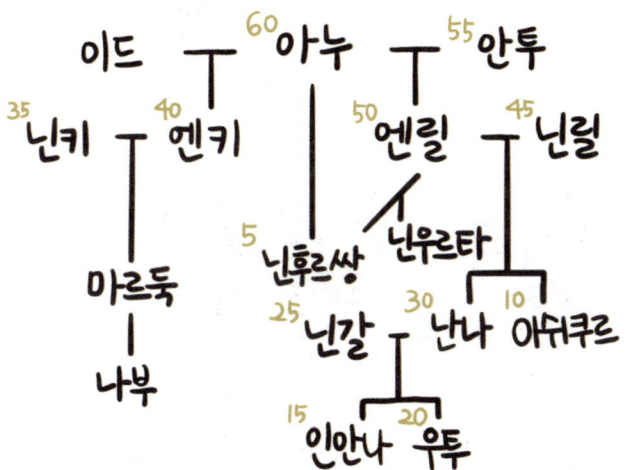

수메르 문명은 아시리아와 바빌로니아 시대까지 이어지는데,

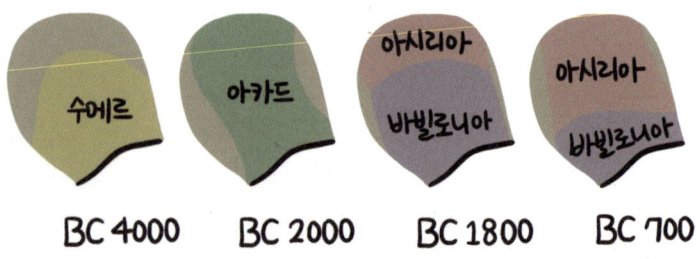

바빌로니아는 마르둑을 최고신으로 섬겼다.

바빌로니아 기록에는 'MUL.MUL'이라는 명칭이 등장한다.

"마르둑이 아누의 왕권을 찬탈하자
MUL.MUL 안에 마르둑이 나타났다"

'MUL.MUL'은 수메르어로 태양계를 뜻했고,
'MUL'은 행성을 뜻했다.

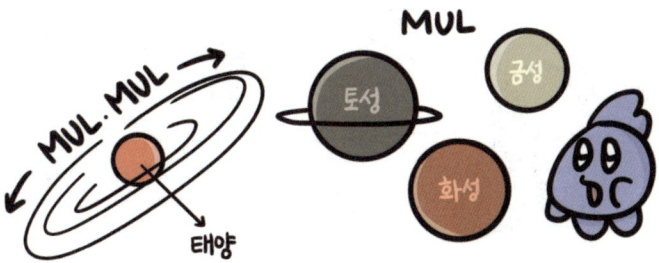

'MUL.MUL' 안에 마르둑이 나타났다는 것은
마르둑이 최고신에 오르며 최고의 천체와 짝지어진 것이다.

놀랍게도 수메르인은 현대 태양계에 알려진
모든 천체를 알고 있었으며 그것이 12개라 기록했다.

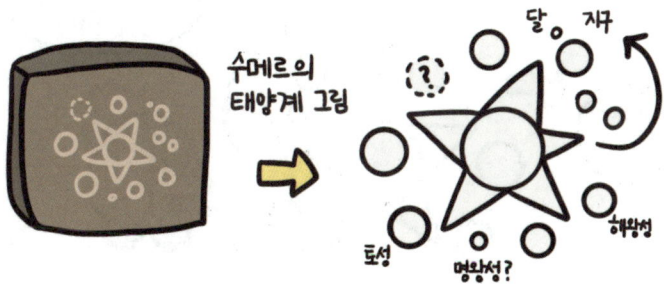

실제 육안으로 관측 가능한 행성은 토성까지이다.

천왕성과 해왕성은 19세기에 들어 발견되었다.

태양계 안의 주요 천체를 나열하면 명왕성까지 포함해도 모두 11개이다.

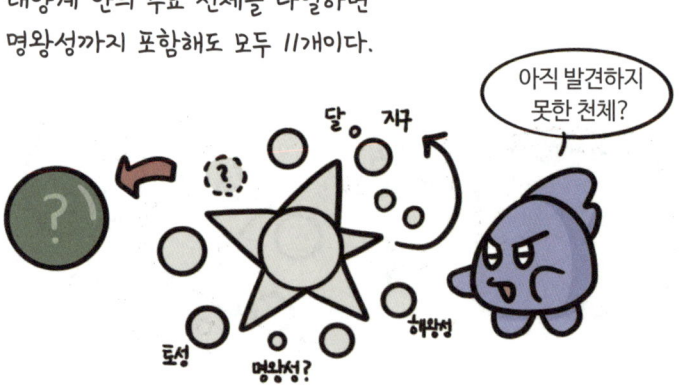

수메르인은 아눈나키의 고향이 하늘이라 하였다.

고향이 하늘이라는 것은
아눈나키가 다른 행성의 지적생명체일 수도 있다는 의미.

그렇다면 아눈나키의 행성은 무엇일까?
우리가 모르는 12번째의 천체가 바로 그것일까?

수메르에서 날개 달린 원반은 신들의 하늘을 의미했다.

이것의 의미는 이집트나 히타이트 같은 주변 지역에서도 동일했다.

수메르에서 아눈나키의 고향을 '니비루'라고 하였는데
그 뜻은 '횡단하는 행성'이다

토성 너머의 태양계 행성들은 관측보다
수학적 계산으로 먼저 예측됐다.

천왕성과 해왕성은 다른 행성들과 달리 기이한 궤도를 가지는데

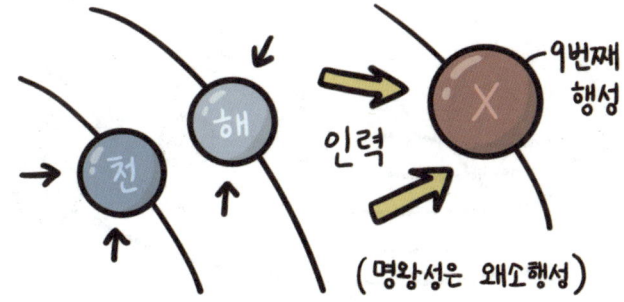

학자들은 이것의 이유가 해왕성 너머에 있는
어떠한 천체로 인한 것이라며 행성X에 대한 가설을 세웠다.

수메르인은 니비루를 아래와 같이 기록했다.

티아마트는 메소포타미아의 창조서사시(창세기)에 등장하는, 현재는 없는 행성이다.

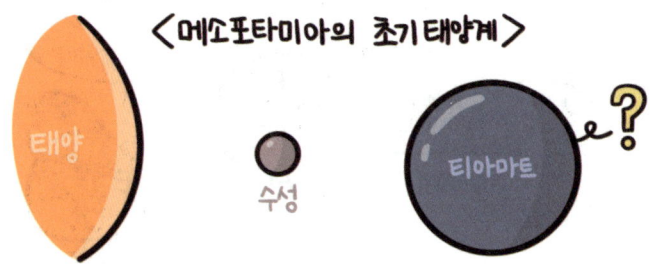

화성과 목성 사이에 티아마트가 존재했다는데, 그 자리를 니비루가 차지했다는 의미일까?

실제로 니비루의 뜻인 '횡단한다'는
내행성과 외행성을 나누는 기준이라는 추측이 더 잘 어울린다.

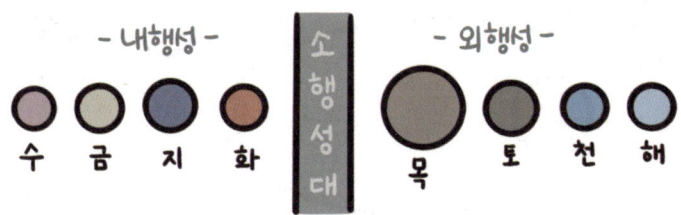

니비루는 먼 곳을 여행하는 행성이라고 했다.

니비루의 공전 주기가 1샤르라고 기록됐는데,
샤르는 3600이니 공전 주기가 3600년이라는 뜻이다.

어떤 학자들은 니비루의 공전 궤도가
혜성과 같은 타원일 것이라 예측했다.

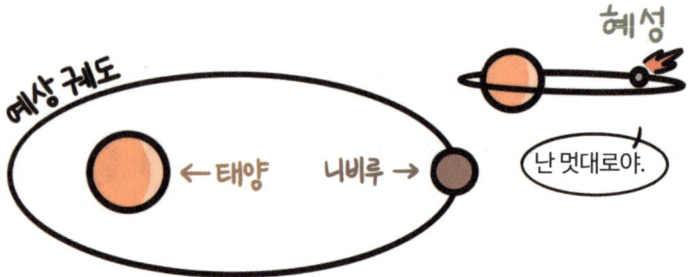

혜성이 지구에서 관측되면 언제 다시
궤도를 돌아 지구로 돌아올지 전혀 알 수 없다.

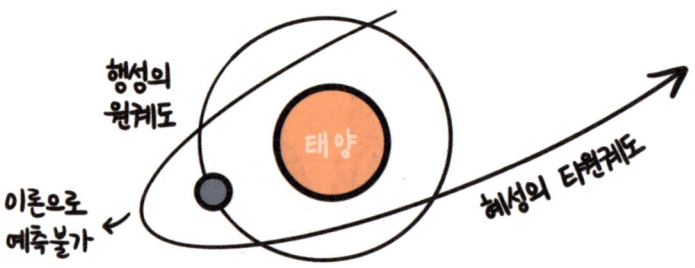

니비루가 발견되지 못한 건 큰 공전 주기 때문일 수도 있다.

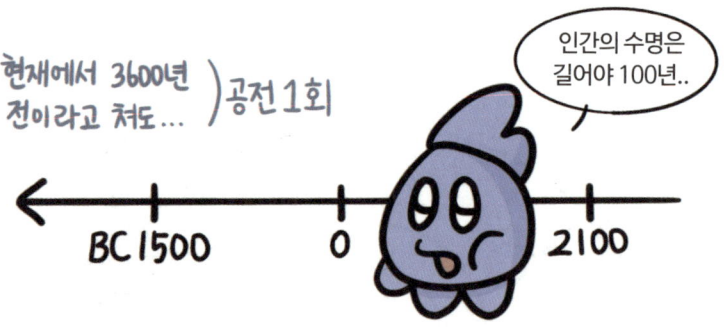

수메르 기록을 보면, 니비루는 재앙인지 축복인지 헷갈린다.

큰 인력을 가진 니비루가 가까이 다가옴으로써
지구에서는 대격변이 일어나고,

신들이 그들의 행성에서 지구로 내려오니
그것을 축복이라 한 것이 아닐까?

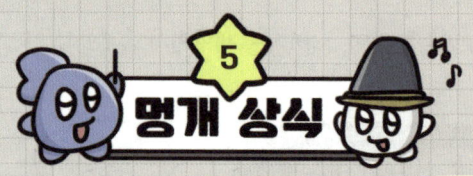

해왕성 밖의 9번째 행성

▲ 9번째 행성의 가상도

망원경으로 발견된 최초의 행성은 1781년에 발견된 천왕성이다. 천왕성은 육안으로 볼 수 있지만, 너무 어둡고 공전 주기가 길어 매우 느리다. 현실적으로 육안 관측이 불가능하다고 할 수 있다. 그래서 천왕성은 처음에 혜성으로 분류되기도 했다.

이상하게도 천왕성의 자전축은 98도 기울어져 있고, 공전궤도도 수학적 계산과 맞아 떨어지지 않았다. 그래서 천왕성 밖에 다른 행성이 있을 거라 예측됐다. 1846년 해왕성이 발견됐다. 그런데 해왕성도 천왕성처럼 궤도가 계산과 맞지 않았다. 과학자들은 해왕성 밖에 있지만 아직 발견되지 않은 '제9의 행성'이 있을 거라 예측하지만 아직까지 발견되지 않았다.

2016년 캘리포니아 공과대학 연구팀은 망원경으로 태양계 끝의 6개 천체를 발견했다. 그런데 6개의 천체는 모두 같은 타원의 궤도로 태양을 공전하고 있었다. 연구팀은 6개의 천체를 같은 각도로 움직이게 만드는 중력을 가진 행성이 있을 거라 생각하고 있다. 9번째 행성은 지구의 4배 크기이며 질량은 10배, 1만5천 년의 공전 주기를 갖고 있을 것이라 예측된다.

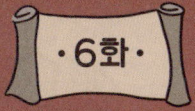

·6화·

7은 왜 행운의 숫자일까?

신들이 로켓을 타고 다닌 이유는 행성 간 이동 때문이었다.

수메르의 '하늘'이란 니비루 행성을 의미했던 것이고,

니비루는 신들 혹은 어떤 지적 생명체들의 고향인 것이다.

아마도 니비루는 근일점*에서 소행성대를 지나는 듯하다.

근일점에서 화성을 넘어 지구로 왔던 것이며,

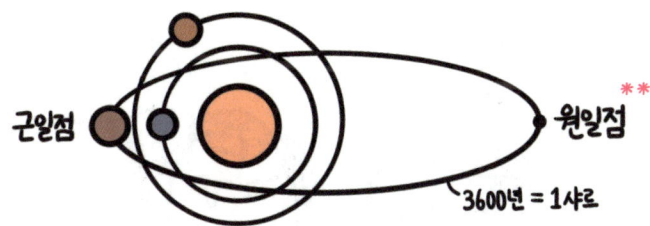

그들의 1년은 무려 3600년일 것이다.

* 근일점: 인공위성 궤도에서 지구에 가장 가까운 점.
** 원일점: 태양의 둘레를 도는 행성이나 혜성의 궤도에서 태양에 가장 먼 점까지의 거리.

수메르 기록에는 대홍수 이전에 10명의 지도자가
120샤르 동안 지구를 통치했다고 한다.

베로수스와 아비데누스 같은 옛 학자들도 그리 주장했다.

수수께끼 같던 창세기 6장 3절도 해석된다.

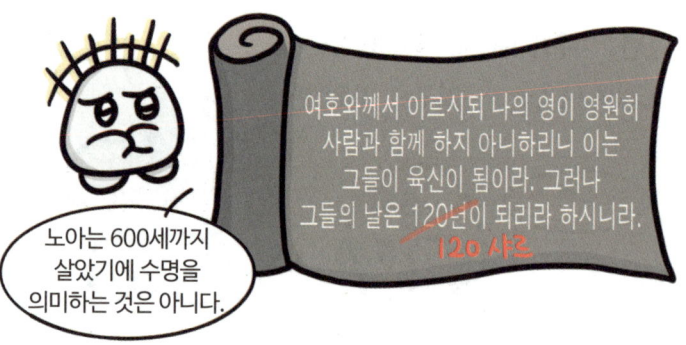

120샤르는 (120×3600) 432,000년이다.

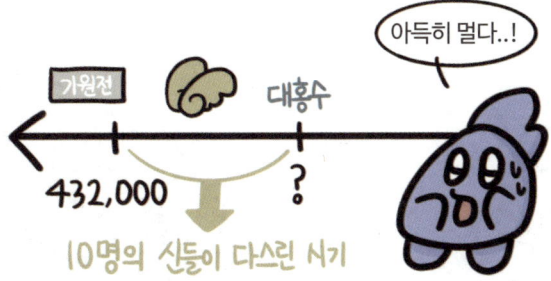

대홍수가 일어나기 43만 년 전, 아눈나키는 이미 지구를 다스리고 있었다.

신기하게도 지구의 문명은 3600년마다 바뀌었다.

기원전	11000	7400	3800
	빙하기→간빙기 대홍수	신석기 토기)시대	수메르 도시 문명 시작

니바루의
이륙과 착륙   ● →1회 공전→ ● →2회 공전→ ●

대홍수는 기원전 약 11000년에 일어났다고 연구되어 왔다.

그럼 아눈나키는 기원전 약 44만 년에 지구에 도착한 것이다.

그 시기는 지구가 빙하기를 지나 간빙기를 맞이하고 있었던 때였다.

신들의 숫자 12가 왜 중요한 것인지
니비루 행성의 존재로 추측 가능해졌다.

12라는 숫자 외에 7이라는 숫자는 고대부터
행운을 상징하는 숫자로 여겨졌다.

수메르인은 지구가 7번째 행성이라고 했는데
그것은 무엇을 의미하는 것일까?

수메르의 신은 천체의 상징을 부여받는다.

아누는 그들의 행성 니비루였고, 엔키는 초승달로 묘사됐다.

인안나의 경우에는 금성, 우투는 태양이었다.

수메르 구데아 왕의 기록을 해석하려 학자들은 끊임없이 연구했다.

하지만 어떤 계산식을 쓰든 7과 50의 관계성은 없었다.

수메르에서 50은 엔릴의 권위를 의미하기도 한다.

아누, 엔릴, 엔키는 지구에서 하늘과 땅, 바다를 누가 다스릴지 제비뽑기로 정했다.

제비뽑기 결과로 엔릴은 땅, 곧 지구를 다스리게 되었다.

이렇게 본다면 엔릴의 행성은 지구라고 볼 수도 있다.

수메르인은 지구가 7번째라고 하지만,
현대인의 기준에서 지구는 3번째 행성으로 여겨진다.

하지만 가장 먼 궤도에 있는 니비루의 입장에서
본다면 지구는 7번째가 되기도 한다.

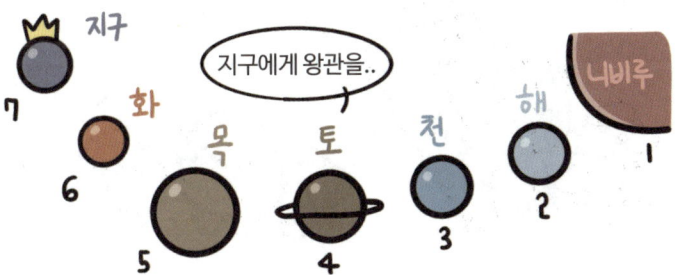

이리하여 수메르에서 중요했던 7은 지구를 의미했고,
현재까지도 행운의 숫자로 여겨지는 것이다.

1~7번째 행성은 심판하는 7인의 신이었다.

수메르의 모든 도시는 성문이 7개였고
풍요를 위해 7년간 기도했다.

지하세계의 여왕을 만나려면 7개의 문을 지나야 했다.

하나님은 7일간 지구를 만들었다.

구약과 수메르 신화의 공통점을 들여다보는 것은 역사를 이해하는 데 도움이 된다.

아래는 메소포타미아 창조신화와 성경의 창조이야기 비교이다.

땅(지구)이 혼돈하며 흑암(어둠)이 깊음(tehom) 위에 있고.. - 창1:2

↓ 두 단어는 어원이 같다

태초에 아버지 압수와 어머니인 티아마트(tiamat)만이 있었다.

* 창조신화에서 티아마트는 둘로 나눠서 '지구'가 된다

하나님이 북쪽 하늘을 허공에 펴시고 땅을 아무것도 없는 곳에 매다시며 - 욥26:7

= 지구   윗부분 → 북쪽

마르둑의 바람이 티아마트의 윗부분을 밀어 알려지지 않은 새로운 곳에 두었다.

티아마트의 윗부분 = 지구

숫자가 가진 의미

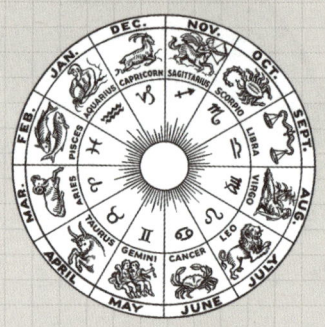

▲ 별자리 점성술에 사용되는 황도 12궁

사람들은 살면서 어떤 숫자에 의미를 담는다. 지역과 나라마다 다른 의미가 부여되기도 한다. '3'이라는 숫자는 보통 신성한 수로 여겨진다. 대표적인 예로 성경의 삼위일체(성부, 성자, 성령)와 이슬람교의 3대 성지(메카, 메디나, 예루살렘)가 있다. 동양에는 천지인(하늘, 땅, 인간)이 있다. 3의 제곱수인 9도 좋은 숫자로 여겨진다. 숫자 4는 동양에서 한자의 '죽음'과 같은 발음으로 쓰여 끔찍한 숫자로 여겨진다. 우리나라에서는 건물 4층을 F층으로 표시하기도 한다. 하지만 서양에서는 4라는 숫자가 네잎클로버의 행운을 의미한다.

'럭키 세븐'이라는 이름을 가진 숫자 7은 동서양에서 모두 선호한다. 성경 속 하나님의 창조 기간도 7일이다. 바빌로니아의 천문 지식에서는 태양계에 7개의 천체가 있다고 믿었다.

1년의 12달, 12시간의 오전과 오후를 가지는 숫자 12도 좋은 숫자로 여겨진다. 황도대의 12별자리, 십이간지의 12개 띠가 있다. 다신교에서는 중요한 신을 12명으로 제한하기도 한다. 12에 1을 더한 '13'은 서양에서 기피하는 숫자다. 예수를 팔아넘긴 유다는 만찬 속에서 13번째 자리에 앉았다. 예수가 처형당한 날은 금요일이어서 '13일의 금요일'은 저주받은 날로 여겨진다.

구약과 수메르 역사

성서는 구약과 신약으로 이루어져 있다.

구약은 39권으로 야훼를 섬기는 히브리인이 기록했다.

신약은 27권이며 예수 탄생 이후를 기록했다.

구약은 기원전 1500년부터 400년까지 기술되었다.

구약의 내용과 고대 메소포타미아 문명의 역사는 떼놓을 수 없을 정도로 유사하다.

몇 가지 예시로, 니네베 도서관에서 최초의 영웅서사시인 '길가메시 서사시'가 발굴됐다.

서사시는 길가메시의 영웅담과
영생을 찾아가는 여정을 담고 있다.

길가메시는 영생을 얻었다는
전설의 우트나피쉬팀이라는 인물을 찾아가게 되는데,

그는 대홍수에서 살아난 인류의 조상이었다.

노아의 홍수처럼 수메르에도 대홍수가 존재했다.

수메르 신들은 최초의 인간을 에딘에 두며
구약에는 에덴동산이 등장한다.

구약에서는 아담의 갈비뼈로 여성을 창조했다고 하는데
수메르에서는 어떨까?

수메르는 신의 피와 살로 인간을 창조했다고 말한다.

그중 닌티라는 여신이 등장하는데 '티:ti'는 수메르어로
'생명을 주는'과 '갈비뼈'라는 두 가지 뜻을 지닌다.

수메르어에서 히브리어로의 번역 과정에서
'갈비뼈'라는 용어가 대신 사용된 것 같아 보인다.

학자들은 구약의 창세기가 메소포타미아의 창조신화를
인용한 것이라고 보고 있다.

창조신화에 태초에 물이 있었다고 하는데 구약에서도 그러했다.

구약의 '테홈'도 창조신화의 '티아마트'와 어원이 같다는 것이
밝혀지며 창조신화는 주목받게 된다.

수메르인은 아누를 신들의 아버지,
엔릴을 신들의 왕이라고 보았다.

도시국가로 이루어진 수메르는 후에
국가 형태인 아카드-아시리아-바빌로니아로 발전하는데

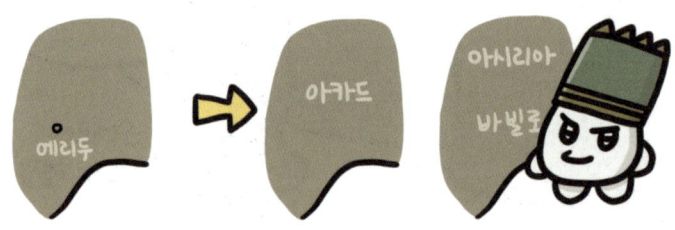

그들은 여전히 다신교였고, 섬기는 신들도 변하지 않았다.

아시리아와 바빌로니아 시대에 들어서며
근동이 두 개의 국가로 나누어진다.

바빌로니아에서는 엔키의 아들인 마르둑을 주신으로 섬겼다.

원래 마르둑은 권위60에 들지도 못할 정도였다.

메소포타미아 신화에 의하면 마르둑은 주신이 되기 위해
다른 신들과 전쟁을 일으켜,

바빌로니아의 최고신 자리에 올랐다고 한다.

이로 인해 이전의 수메르 기록들이 마르둑 중심으로 바뀌게 된다.

그중 하나가 니베네 도서관에서 발굴된 '에누마 엘리시'라는 창조신화다.

기원전 2000년경에 창시된 세계 최초의 창세기였던 것이다.

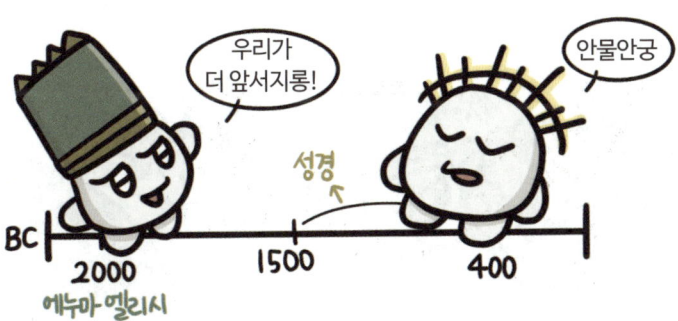

원전은 찾지 못했지만,
바빌로니아의 에누마 엘리시 속 주인공은 주신인 마르둑이다.

에누마 엘리시는 7개의 점토판으로 이루어져 있으며,
5번째 점토판은 아직 해석하지 못했다.

신화의 주된 내용은··· 마르둑이 태초의 신들을 물리치고
최고신 자리에 오르며 지구와 우주를 창조한다.

인간 창조도 마르둑이 해낸다.

'에누마 엘리시'의 뜻은 그저 신화의 첫 구절을 따온 것이다.

메소포타미아 창세기를 신들에게 비유되는 행성에 적용한다면

창조신화는 단순한 설화가 아닌
태양계 생성 과정을 설명한 것으로도 볼 수 있었다.

메소포타미아의 성지, 이라크

▲ IS에 의해 파괴된 모술의 니네베 유적

이라크는 서아시아에 위치하며 인구의 95%가 이슬람교를 믿는다. 수메르, 아시리아, 바빌로니아의 문명을 가진 이라크는 어쩌면 인기 있는 관광지로 보일 수 있다. 하지만 관광을 가기에는 너무 불안정한 국가여서 우리나라 정부는 이라크를 여행금지국으로 지정했다. 이라크는 유엔에 협조하지 않는 문제아였다. 2003년 미국은 다른 나라의 반대에도 불구하고 이라크를 침공해 전쟁을 일으켰다. 미국이 이라크에 침공한 근거는, 그들이 과거에 보유했던 살상 무기들을 폐기했는지 알 수 없으며 세계를 위협하는 국가라는 판단 때문이었다. 2011년에 미국 대통령이었던 버락 오바마는 종전을 선언했다.

얼마 지나지 않아 2014년, IS(수니파 이슬람교 원리주의 무장단체)가 이라크를 점령하며 내전이 계속됐다. 2017년 말 이라크군의 승리로 이라크를 되찾았지만, 이라크의 고대 유적들이 여럿 훼손됐다. 2022년 5월 말, 가뭄으로 이라크의 강 수위가 낮아지자 고대 도시인 미탄니 왕국의 유적지가 발견됐다. 하지만 현재는 다시 물에 잠겼다고 한다. 이라크 지역을 자세히 조사한다면 수많은 고대 유적이 쏟아질 것으로 예상한다.

메소포타미아의 창세기 (1)

> '에누마 엘리시'와 함께 등장하는 우주적 해석(파란색 글자)은
> 제카리아 시친의 책 《지구연대기1》을 바탕으로 합니다.

그때 높은 곳에는 아직 하늘의 이름이 없었고, 아래에는 딱딱한 땅의 이름이 없었다.

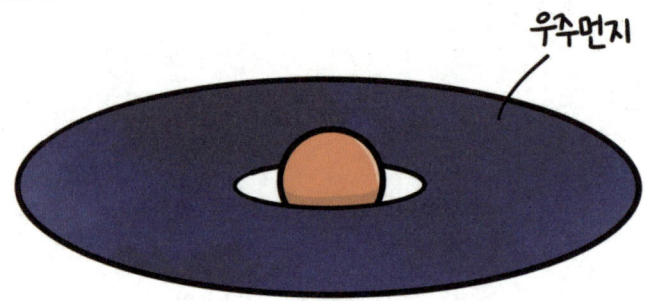

여기서 '높은 곳'은 우주이며 태양계의 탄생 과정으로 볼 수 있고, 수메르에서의 하늘은 '니비루'이며 땅은 '지구'를 의미한다.

그때 태양계에는 아직 니비루도 없었고
아래에는 딱딱한 지구도 없었다.

아무것도 없었고, 단지 태고의 아버지 압수(APSU)와
그의 전령 뭄무(MUMMU), 그리고 모든 것을 품던
티아마트(TIAMAT)만이 있었고, 그들의 물은 하나로 섞여 있었다.

압수: 처음부터 존재했던 자
티아마트: 생명의 처녀

압수는 가장 먼저 존재한 '태양'이고, 그의 전령 뭄무는
태양과 가까이 있으며 전령신으로 많이 표현되는 '수성'이다.

어머니 티아마트는 지금은 사라진 행성이다.
'섞여 있는 물'은 우주의 생명물질을 의미하는 것으로 추정.

갈대도 없었고, 습지도 없었다. 어떤 신도 없었으며 아무도 이름이 없었고, 운명도 정해지지 않았다.

운명을 행성의 '궤도'로 본다면, 태초 이들의 궤도는 안정되지 않고 아직 뒤죽박죽한 상태였던 것이다.

그 안에서 신들이 태어났다. 라흐무(LAHMU)와 라하무(LAHAMU)가 태어났고, 그 이름이 불렸다.

여기서 '라흠-'(LHM)은 전쟁, 라흐무는 화성이고, 라하무는 금성이다.

그들이 제대로 크기도 전에 안샤르(ANSHAR)와
키샤르(KISHAR)가 태어나 그들보다 더 커진다.

안샤르(ANSHAR) : 하늘에서 가장 중요한 것
키샤르(KISHAR) : 딱딱한 땅에서 가장 중요한 것

'그들'은 앞서 언급된 화성과 금성을 의미하는 것이고,
그들의 크기가 안샤르와 키샤르에 비해 훨씬 크다는 것이다.
그래서 안샤르는 토성, 키샤르는 목성으로 볼 수 있다.

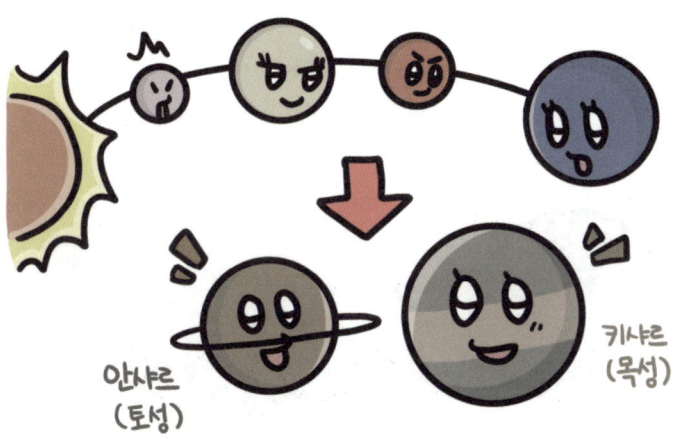

날이 가고 해가 지난 후에 아누(ANU)가
그들의 아들이 되고, 그는 자신 조상들의 경쟁자가 된다.

경쟁자를 '크기'로 보고, 조상은 부모(목성, 토성)가 아니니
조상은 금성과 화성일 것이다.

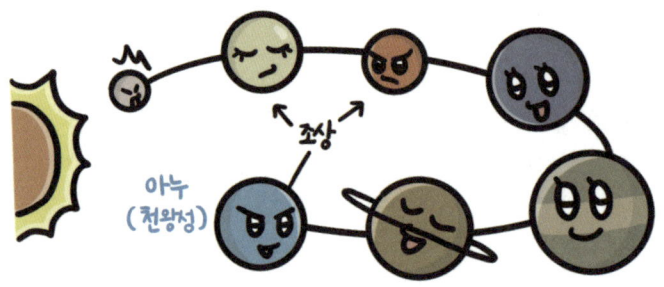

실제로 태양계 행성들의 크기를 비교해 보면
천왕성이 금성과 화성보다 크고, 목성과 토성보다는 작다.

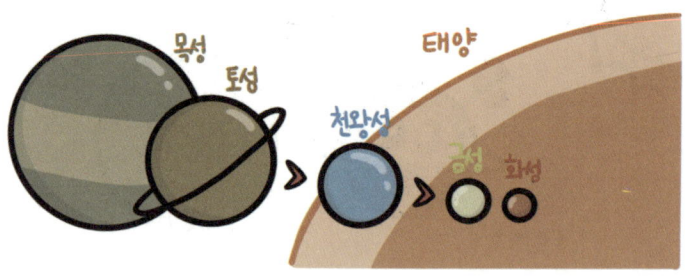

안샤르의 장남인 아누는 자기와 같은
누딤무드(NUDIMMUD)를 낳았다.

누딤무드(NUDIMMUD)
: 재주 좋은 창조자

천왕성 다음에 크기, 생김새도 비슷한 해왕성이 탄생한다.
수메르의 신 '엔키'의 다른 이름들이 '누딤무드'와 '에아'이다.

아누가 안샤르의 장남이란 것은 다른 자식도 있다는 것!
수메르 그림에서 토성 옆 작은 천체 가가(GAGA), 명왕성이다.
과거 명왕성은 토성의 위성이었다.

누딤무드는 조상신 가운데 가장 총명하고 월등했다.
아버지의 아버지인 안샤르보다 강했다.

신성한 형제들이 모였다. 그리고 재빨리 서로를 향해
발을 놀리며 티아마트를 어지럽히고 배를 휘저었다.

새로운 행성들이 마구 움직이며 티아마트에게 가까이
접근해 그녀의 공전 궤도를 위협했다.

티아마트는 그들의 응석을 받아주었다.
그러자 신들의 아버지 압수가 전령 뭄무를 불렀다.
[압수] 나의 전령, 뭄무야. 티아마트에게 가자.

[압수] 신들이 너무 시끄럽소! 그들을 없애고 싶소.
　　　나는 낮에는 쉴 수 없고 밤에는 잘 수가 없소.

화가 난 티아마트는 남편을 향해 소리쳤다.
[티아마트] 어떻게 우리 스스로 만든 것들을 파멸시키나요?
　　　　　비록 그들이 해를 끼치지만, 우리는 좋게 견딥시다.

뭄무가 압수에게 말했다.
[뭄무] 나의 아버지여, 무질서한 신들을 제거해버리세요.

하지만 최고로 유능한 에아는 그들의 계략을 눈치채고
그들에게 가서 강력한 주문을 암송했다. 압수는 깊이 잠들었다.

해왕성은 자전 속도가 매우 빨라 자기장이 끊임없이 뒤틀린다.
갓 태어난 해왕성이 태양의 자기장에 영향을 주었다.

에아는 왕관과 망토를 빼앗고 압수를 죽인 후,
그 위에 자신의 거처를 세웠다.
같은 주문에 멍해진 뭄무는 감금되었다.

태양은 창조력을 잃고, 해왕성이 창조력을 가진다.
해왕성 바깥에서만 행성이 탄생할 수 있는 것이다.

압수(APSU)는 압주(APZU)와 같은 말이다.
수메르 신화에서 엔키(에아)의 영역이 바로 압주(APSU)였다.

에아가 마르둑을 낳았다.
신들 중에 가장 유능하고 현명한 신이 태어났다.
깊은 곳의 가슴에서 마르둑이 태어난 것이다.

그의 체격은 강건하고, 눈에는 섬광이 번쩍이고
그는 다 자라서 태어났으니 처음부터 강한 자라.

해왕성의 인력에 의해 밖에서 새로운 행성이 끌려온다.
현재 마르둑은 해왕성 근처를 지나고 있다.

그는 매우 키가 컸고 다른 신들보다 탁월했다.
그가 입술을 움직일 때마다 불길이 타올랐다.

키가 크다는 것은 마르둑이 가장 바깥 궤도라는 것.
갓 태어난 행성이어서 방사능(불)을 내뿜는다.

아누는 네 개의 바람을 낳아 마르둑의 손에 쥐어주며 말했다.
[아누] 내 손자야, 가지고 놀아라.

해왕성 다음 천왕성에 이르자
마르둑에서 4개의 덩어리가 떨어져 마르둑의 위성이 된다.

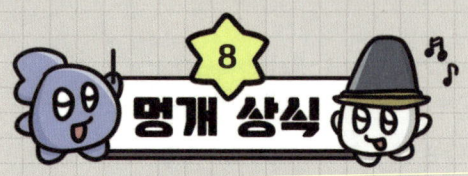

의외로 젊은 별

▲ 태양계가 속한 우리은하의 상상도

반짝이는 별, 그중 유독 빛나는 것들은 같은 태양계의 행성일 확률이 높다. 그런데 우리는 행성을 별이라고 하지 않는다. 보통 아주 멀리 있는 천체를 별이라 칭하는데, 별이라는 단어의 기준은 뭘까?

별은 영어로 Star. 영어 Star의 뜻은 항성이다. 우리가 잘 아는 항성은 태양이다. 태양은 별인 것이다. 태양은 자신의 중력으로 행성들의 무리와 소행성대, 해왕성 너머의 카이퍼 벨트까지 자신을 중심으로 회전하게 만든다. 그리고 행성들의 자전과 공전의 방향은 반시계 방향이다. 태양도 행성처럼 자전과 공전을 하고 있다. 그럼 무엇을 중심으로 공전하는 걸까? 블랙홀을 중심으로 돌고 있다. 블랙홀을 중심으로 도는 천체를 은하계라고 한다.

지구가 지구의 중심(태양)을 1회 공전하면 인간의 시간으로 1년이 지난다. 태양은 블랙홀을 한 바퀴 도는 데 무려 2억 년이 걸린다. 태양계의 나이가 약 45억 년이니, 태양은 아직 22살 밖에 안 된 청년이다.

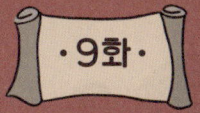

메소포타미아의 창세기 (2)

장엄한 마르둑의 탄생으로 티아마트가 또 다시 휘저어졌다.
다른 신들도 잘 수 없고 고통스러워했다.

마르둑 행성의 등장이 태양계 중심에 영향을 주어
티아마트의 궤도가 크게 변하고, 다른 행성들도 불안해졌다.

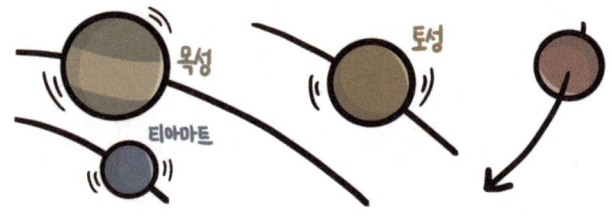

신들이 모여 티아마트에게 가 말했다.
[신들] 당신은 아버지 압수가 죽어도 아무렇지 않았습니다.
     이제는 당신의 자식들이 이렇게나 괴롭습니다.
     당신은 우리들의 어머니가 아닙니다!

티아마트는 11마리의 뱀을 낳아 마르둑을 상대하려 했다.
자식 중 한 명인 킨구를 새로운 남편으로 삼고 '운명의 서판'을 주었다.

마르둑의 인력으로 11개의 위성이 만들어졌고,
티아마트에게서 태어난 첫 위성 킨구는 궤도(운명)를 가졌다.

운명의 서판이 킨구에게 주어졌다는 사실에 신들이 화가 났다.
에아가 안샤르에게 가서 티아마트의 만행을 알렸다.

신들은 멋대로 창조력(행성을 만듦)을 가진 티아마트에게 화가 났다.

에아도 아누도 티아마트를 상대할 수 없었다.
안샤르가 꾀를 내 마르둑을 치켜세웠더니
마르둑은 안샤르에게 입을 맞추었다.

마르둑이 토성의 고리를 스쳐 지나간 것이다.

[마르둑] 너희가 원하는 티아마트에 대한 복수를
내가 대신하여 이뤄낸다면, 나의 운명을 최고로 드높여라!

마르둑이 이뤄낸다면 그의 궤도는 가장 높은 곳에 위치할 것.

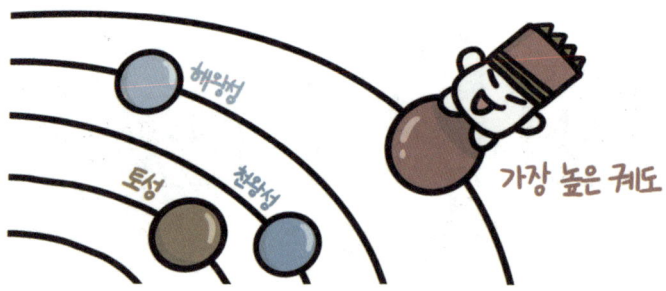

안샤르가 자신의 전령이자 아들인 가가에게 말했다.
[안샤르] 떠나라, 가가여! 신들에게 이 소식을 전하거라.

마르둑의 접근으로 토성의 위성이었던 명왕성이 위성에서 벗어나 천왕성과 해왕성 바깥 궤도로 향했다.

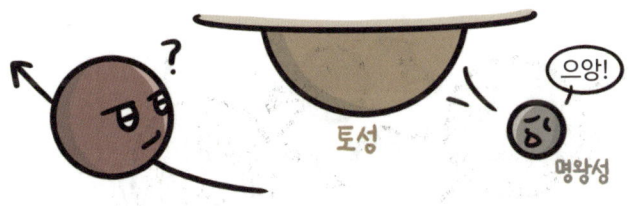

마르둑에게 3개의 바람이 더 생겨났다.
그는 총 7개의 바람을 갖게 됐다.

마르둑이 토성과 목성을 지나면서 인력에 의해,
3개의 위성을 더 가져 총 7개의 위성을 갖게 된다.

마르둑은 운명의 서판을 지닌 킨구를 향했다.
킨구를 본 마르둑의 방향이 빗나가고 혼란스러워졌다.

티아마트와 가까워지자 인력으로 인해 마르둑이 뒤틀어졌다.
마르둑의 방향은 태양계 행성들과 반대 궤도를 돈다.

마르둑이 티아마트에게 사악한 바람을 던져 그녀의 배를 갈랐다.
배가 갈라진 티아마트가 생명의 숨을 잃었다.

마르둑의 위성과 티아마트가 충돌했고,
티아마트의 전기장과 자기장을 중성화(생명력X)시켰다.

생명을 잃은 티아마트를 본 10마리의 뱀들이
두려움에 떨며 그녀에게서 등을 돌려 흩어졌다.

티아마트의 위성들이 흩어져 기이한 궤도를 가진
혜성이 되어 태양을 공전하게 된다.

마르둑은 킨구가 지녔던 운명의 서판을 빼앗고,
티아마트와 킨구를 함께 묶어 두었다.

킨구의 독자적인 궤도(운명)를 잃고,
생명을 잃은 티아마트의
위성으로 들어간다.

전쟁에서 승리한 마르둑이 에아를 만났고, 그다음 안샤르를 만났다.

마르둑은 태양계의 일원이 되었으며 다른 행성들과 달리 시계 방향의 궤도를 돌아 해왕성 다음 토성을 지난다.

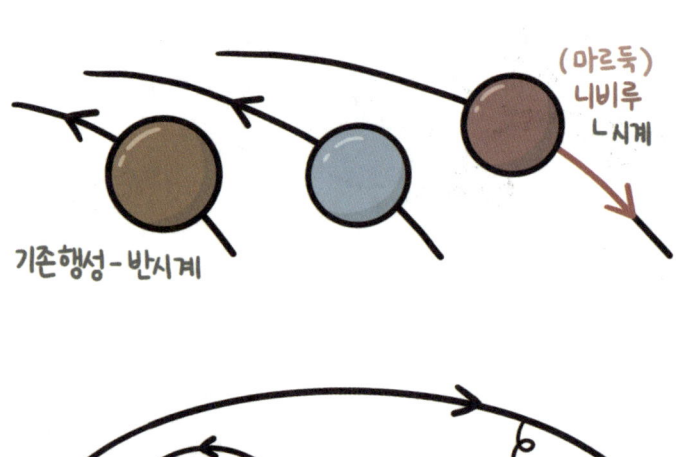

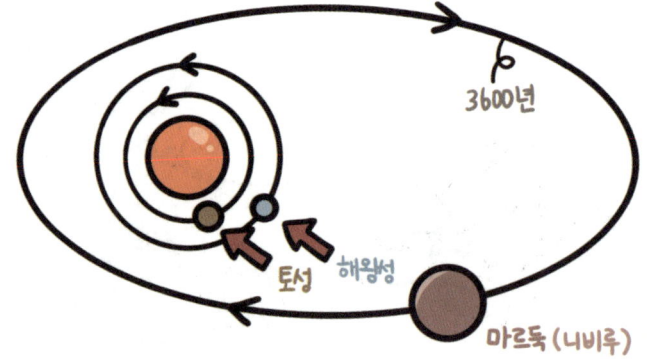

마르둑이 티아마트를 둘로 나누어 뒷부분을 밟아 뭉갰다.
그리고 윗부분의 해골을 북쪽 바람이 밀게 하여
지금까지 알려지지 않았던 곳에 그녀를 위치시켰다.

마르둑이 티아마트를 둘로 쪼개고 뒷부분을 산산조각낸다.

마르둑의 위성과 나머지 부분이 부딪혀
화성과 금성 사이를 도는 궤도를 가지게 되었다.

마르둑이 뭉개진 티아마트의 뒷부분으로 거대한 팔찌를 만들었다.

산산조각 난 부분들이 목성과 화성 사이의 소행성대가 된다.

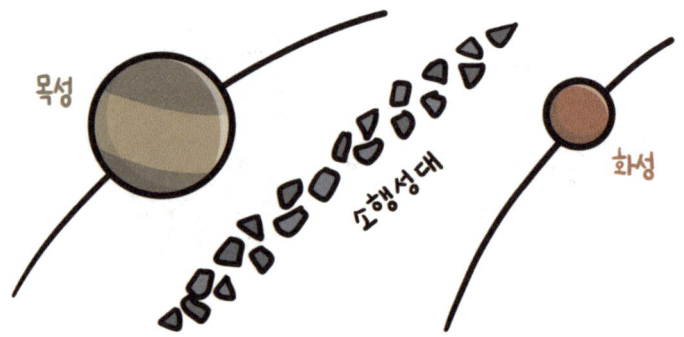

사라진 행성 "티아마트"로 혜성과 소행성대를 가정할 수 있다.

그는 북편 하늘을 허공에 펴시며 그 신으로 하늘을
땅을 빈 공간에 매달으시며 단장하시고 손으로 날랜
- 욥 26:7 - 뱀을 찌르시나니 - 욥 26:13

헤홈(tehom)은 티아마트(tiamat)와 같은 어원이고,
'빈 곳'은 현재의 화성과 금성 사이의 지구 궤도이다.

하나님이 물 가운데에 궁창이 있어..
그것을 '하늘'이라 부르시니라 -창 1:6~8-

'궁창'의 원어 '라키아'는 특히 둥근 공간(하늘)을 의미하는데
창조신화에서 말하는 하늘의 팔찌와 같은 것이 아닐까?

티아마트의 해골에서 침이 나오자,
그것들이 물이 되어 땅에 기초들이 생겨났다.

티아마트의 가슴으로 산을 세우고,
그녀의 눈을 티그리스와 유프라테스강에 풀었다.

원시지구의 용암이 뿜어져 나오고, 지구가 식으면서
수증기가 발생해 육지와 바다가 생겨났다.

마르둑이 태양에 맞추어 운행하면서 낮과 밤을 만들었다.

지구에 자전축이 생기고 태양의 행성이 된다.

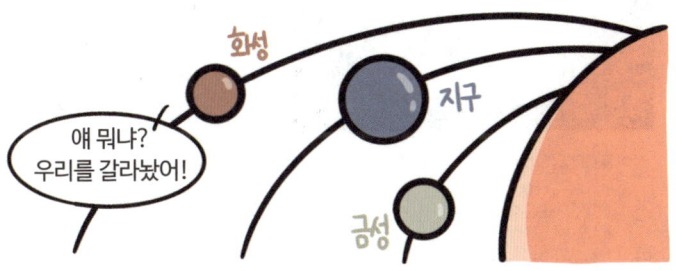

마르둑이 달을 올려두어 밤을 지키게 하고 각 달을 구분했다.
킨구는 지구의 달이 되고 밤에 뜨며 달의 기준이 된다.

지구의 성장기

▲ 아폴로 17호에서 촬영한 지구

태양이 만들어짐과 동시에 지구도 만들어졌으니 지구가 탄생한 지 45억 년이 지났다. 45억 년 전 태양계가 만들어질 때 행성들은 규칙적이지 않고 불안정했을 것이다. 하지만 얼마 안 가 떠다니던 우주 물질들이 뭉치기 시작했다. 몸집이 꽤 커지자 아주 뜨거워져서 마그마 바다를 만들어냈다.

마그마에서는 수증기가 생겨났고, 수증기는 대기와 물이 되었다. 식은 마그마는 지각이 되었다. 10~20억 년 정도 흘러 안정이 되자 이곳에 오존층이 생겨 생명이 살아가는 지구가 되었다. 그리고 호모 사피엔스가 등장해 문명을 일구고 현대까지 이어져 오고 있다.

태양과 지구 사이의 거리는 1억 5천만km이며, 지구는 생명이 살아갈 수 있는 골디락스 존에 속한다. 생명이 태어날 수 있는 필수 조건은 '물'이다. 지구는 71%가 물이고, 29%가 육지로 이루어져 있다. 하지만 이렇게 완벽한 지구도 온난화로 인해 망가져 가고 있다.

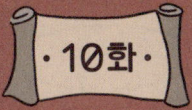

메소포타미아의 창세기 (3)

마르둑은 킨구가 두그가에(최하)신이 되게 하였다.

본래 행성으로 독자적인 궤도를 가졌던 달은 지구의 위성으로 전락했고, 자신의 생명력인 대기와 물을 잃었다.

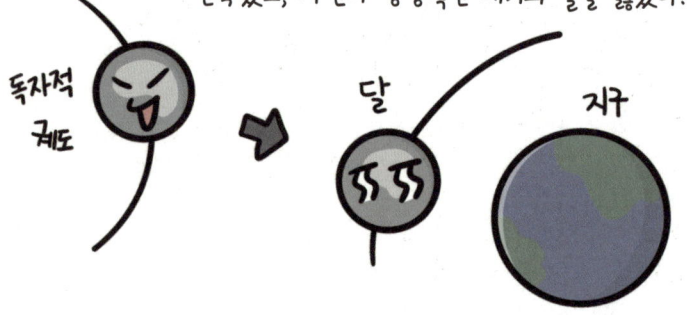

NASA의 과학자들은 태초의 행성들이 달에 충돌해 행성이었던 달이 위성이 됐다는 의견을 낸 적이 있다.

마르둑은 또다시 하늘로 올라 신들을 살피었다.

마르둑은 다시 태양계를 돌며 행성들을 지난다.

마르둑은 안샤르의 전령 가가를 보이지 않는 곳에 숨겼다.

토성의 위성이던 명왕성은 마르둑의 인력으로
태양계의 가장 바깥 궤도에 행성처럼 위치하게 된다.

이후 장면에는 우주적 해석이 없습니다.

마르둑은 신들의 고통을 듣고 에아에게 말했다.

에아는 킨구를 이용해 인간을 만들 계획을 세웠다.

킨구의 피로 인간을 만들었고,
인간은 신을 대신해 일했다. 덕분에 신들은 쉴 수 있었다.

기뻐한 신들은 마르둑을 위한 성전 바빌론을 짓기로 했고,
압수(지하수)의 높이로 마르둑의 지구라트가 완성됐다.

마르둑은 자신의 신전에서 축하연을 열었다.

아누는 마르둑의 활을 들어 이름을 지어 주었고,
마르둑을 가장 높은 왕좌에 앉혔다.

신들은 마르둑의 운명을 가장 높게 하여 그에게 엎드렸다.

신들은 마르둑이 하늘과 땅의 왕이라 선언하였고,
마르둑의 칭호는 50이 되었다.

신들은 물과 기름을 목에 바르며 맹세했다.

〈에누마 엘리시〉 END

바빌로니아에서 에누마 엘리시를 낭송하는 것은
신년 행사에서 필수였다.

수호신 마르둑을 언급하여 바빌로니아가
세상에서 가장 강력하다는 사실을 주장하기 위해서였을 것이다.

에누마 엘리시는 여러 종교의 창조 이야기 표본이 된다.

에누마 엘리시의 신들은 인간 창조 이후 쉴 수 있었다.
창세기의 야훼도 인간 창조 끝에 쉬었다.

에누마 엘리시는 7개의 점토판으로 이루어졌고,
창세기에서 야훼가 세상을 창조한 시간은 7일이다.

또 에누마 엘리시는 우주 현상에 대해 추측하게 한다.

첫 번째, 티아마트가 반으로 갈라졌기에 지구의 육지가 한쪽에 몰려 있는 것이다.

두 번째, 지구의 위성 달이 지구 크기에 비해 큰 이유는 본래 행성이었기 때문이다.

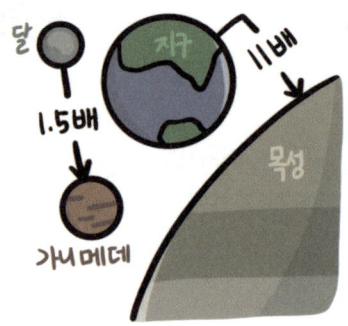

세 번째, 화성과 목성을 나누는 수많은 소행성은 티아마트의 파괴로 인해 생겨난 것이다.

네 번째, 관측이 어려운 혜성의 존재는 티아마트의 위성이며, 충격으로 인해 흩어졌다.

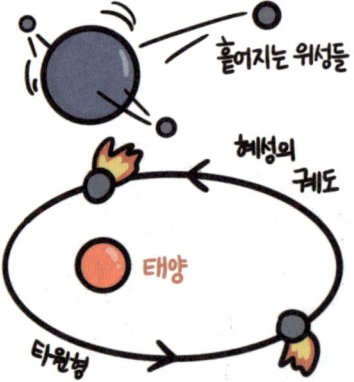

다섯 번째, 명왕성은 본래 토성의 위성에서 퇴출하여 명왕성의 축과 궤도가 뒤틀려 있는 것이다.

여섯 번째, 화성과 목성 사이에는 보데의 법칙에 의해 행성이 존재해야 하고 그것이 니비루이다.

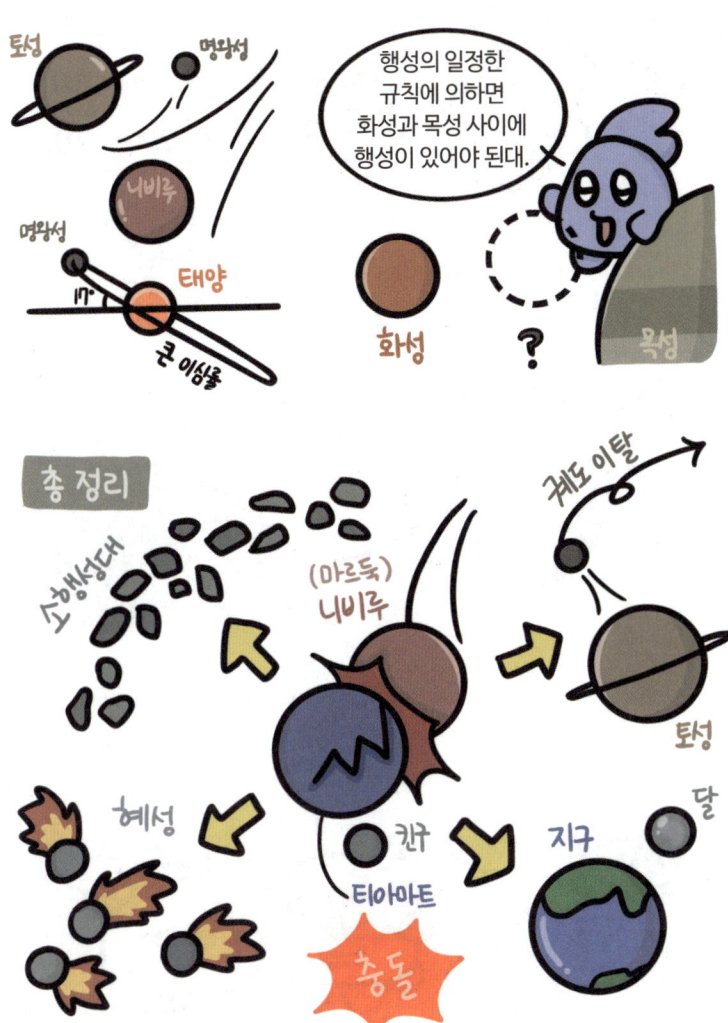

'니비루'라는 미지의 행성은
저널리스트 제카리아 시친이 처음 주장했다.

그는 3,600년을 주기로 태양을 공전하는 니비루 행성의
외계인(아눈나키)들이 지구에 수메르 문명을 세웠음을 주장했다.

흥미로운 점은 그의 주장이 진화론도 창조론도 부정하는 것이고,
수메르 문자 전문가가 아니어서 유사과학, 역사학으로 평가된다는 것.

일부 사람들은 그의 주장을 타당성 있게 받아들이기도 해서 니비루 행성에 대한 이슈는 여전히 끊이지 않는다.

나(작가)는 무신론자이고 진화론에도 회의적인 편이다. 그래서 시친의 주장이 오히려 납득이 갔고, 지금 이런 이야기도 풀어내는 것.

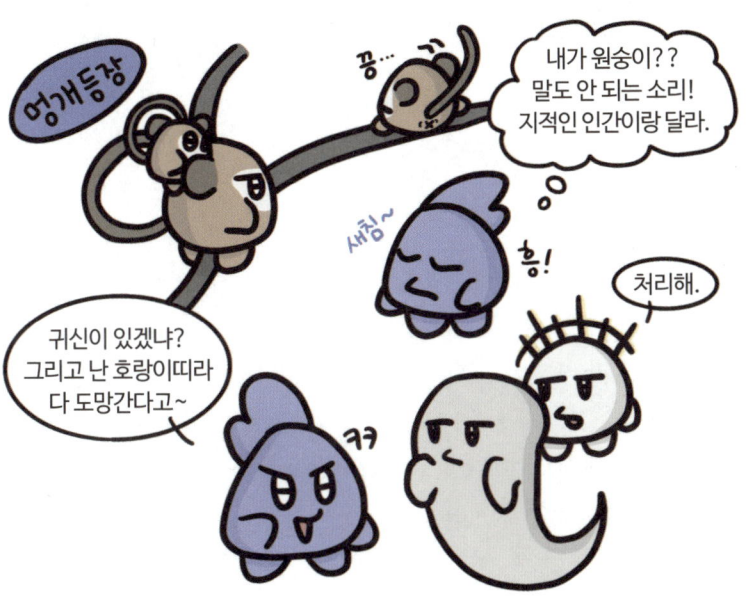

인간의 조상은 원숭이?

▲ 《종의 기원》 출간 당시 다윈을 조롱하는 삽화

1809년 2월 12일 영국, 생물학자이자 지질학자인 찰스 로버트 다윈Charles Robert Darwin이 태어났다. 현재 대부분의 사람들이 정설로 믿고 있는 '인간 진화론'은 다윈의 업적이다. 1859년에 출간된 책 《종의 기원》에서 다윈은 진화론의 증거로 '자연선택'을 제시했다. 자연선택은 생물이 생존에 더 유리한 유전자를 선택하고 교배해 서서히 본래의 모습과 다르게 변해가는 것이다.

다윈의 주장은 공통의 조상 원숭이에서 A집단은 침팬지로 진화했고, B집단은 인간으로 진화했다는 것이다. 다윈의 주장은 창조론을 부정하는 것이라 많은 사람들의 비판을 받기도 했지만, 또 많은 사람의 지지를 얻기도 했다.

그런데 20세기 미국의 고생물학자 스티븐 제이 굴드Stephen Jay Gould는 다윈이 제시한 진화론의 증거에 의문을 제기했다. 그의 주장은 이렇다. "자연선택이 진화론의 증거라면, 가장 많이 발견되어야 할 진화 중간 과정의 화석들은 왜 발견되지 않는가?"

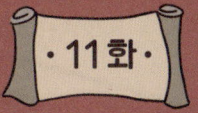

·11화·

가장 처음의 이야기

지금부터의 이야기는 수메르의 문서와 유적들,
가설 모두를 조합한 지구 최초에 관한 것이다.

수메르 주변 지역의 신화들도 함께 엮여 모든 역사가 하나의
역사처럼 묘사될 것이다.

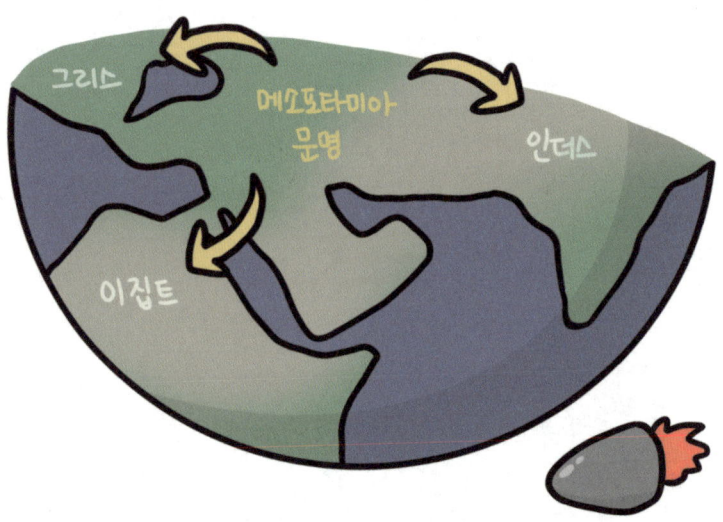

니비루 행성이 존재한다는 가정 하에 다뤄지는
초고대외계문명설에 대한 이야기이다.

가늠할 수 없는 먼 옛날,
푸른 별에 지적생명체가 탄생하기 이전의 이야기이다.

수메르의 창조우주론에 따라
태양계에 '니비루'라는 이름의 10번째 행성이 있었고,
아주 뛰어난 기술을 가진 지적생명체가 문명을 쌓고 있었다.

그들은 아주 뛰어난 기술을 가졌고, 전쟁으로 인한 탓인지
일부다처제가 허용되고 혼외정사가 흔하게 일어났다.

혈통을 매우 중요시하여 왕가의 이복누이 사이에서
태어난 자식은 왕위계승권자가 되었다.

이복누이와 친남매 모두 사랑을 나누는 것은 가능했지만,
친남매의 결혼은 금지되고 이복남매는 허용됐다.

어느 시점에 왕위계승자 안샤르갈이
이복누이인 키샤르갈과 결혼하여 차기 후계자 아누가 탄생했다.

왕의 자리가 비었을 때 안샤르갈이 왕위를 계승하지 못하고, 그의 이복형제 알랄루가 왕위를 찬탈했다.

아버지 안샤르갈의 적통후계자인 아누는 복수를 다짐했고, 자신이 직계임을 내세우며 왕 알랄루와 대결했다.

아누는 알랄루에 승리했고, 새로운 왕이 되었다. 알랄루는 도망치지 않으면 죽을 운명이었다.

알랄루의 목적지는 창조신화에 등장하는
티아마트의 잔해, 금이 있다는 전설을 가진 지구였다.

당시에 니비루는 무너지는 대기권을 회복시킬
광물인 금이 너무나 부족했다.

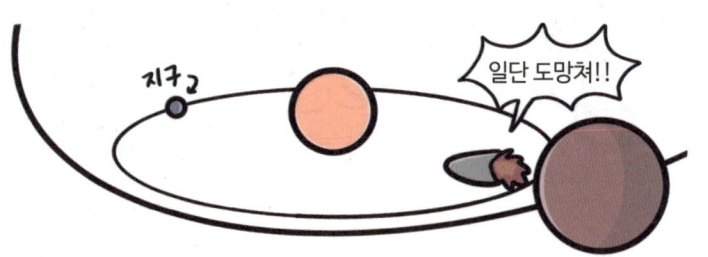

급히 비행선을 탄 알랄루는 막무가내로 지구로 향했다.

한편 알랄루의 유일한 혈육이었던 손자 안주는
새로운 왕 아누의 술시중으로 임명됐다.

* 안주는 메소포타미아식 이름으로 히타이트 신화에 등장하는 쿠마르비이다.

얼마 지나지 않아 알랄루가 지구에 정말~금이 있다는
연락을 해왔고, 왕 아누에게 재대결을 신청했다.

니비루에서 금은 절실했다. 아누는 제안을 승낙했다.

하지만 아누의 후계 엔릴은 알랄루를 의심하는데..

니비루의 왕 아누는 수많은 첩이 있었고,
이복누이인 안투를 정실부인으로 두었다.

아누의 맏아들은 첩 중 하나인 이드의 소생인 에아였다.

*에아는 후에 엔키라는 이름으로 등장한다.

후에 정실 안투는 엔릴을 낳았다.
엔릴은 왕위승계권자가 되고, 엔키는 맏아들임에도 늘 그인자였다.

에아는 엔릴에게 경쟁의식과 열등감을 가질 수밖에 없었다.

니비루의 대기권은 아주 나빴다.
복구가 어려울 정도로 상태가 좋지 않았다.

에아는 공을 세우기 위해 자신의 뛰어난 공학기술을 내세우며
직접 지구에 가서 금을 확인하겠다고 했다.

엔릴은 알랄루의 말이 거짓말이라고 했지만,
아누는 에아의 제안에 매우 기뻐했다.

에아는 니비루에서 지구로의 여정을 준비했다.

니비루는 태양계에서 가장 높은 곳을 도는 행성이다.

니비루 행성이 태양을 한 번 도는 데는
지구 시간으로 3,600년이 걸렸다.

공전궤도가 이심률이 매우 큰 타원 궤도로 돌았고,
지구로 가는 비행은 매우 위험했다.

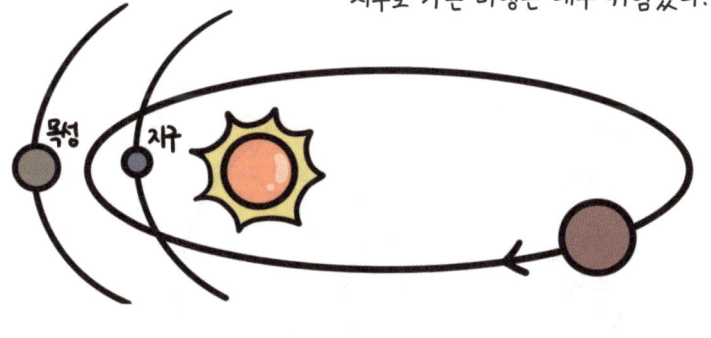

에아는 젊은 니비루 남성을 모집했고,
모험심이 강하고 야망 있는 50명의 여행자가 모였다.

마침내 에아와 50명의 니비루들이 지구로 출발했다.

그들의 출발지는 지구와 가장 가까운 근일점이 아니라 목성 궤도에 타는 순간이었다.

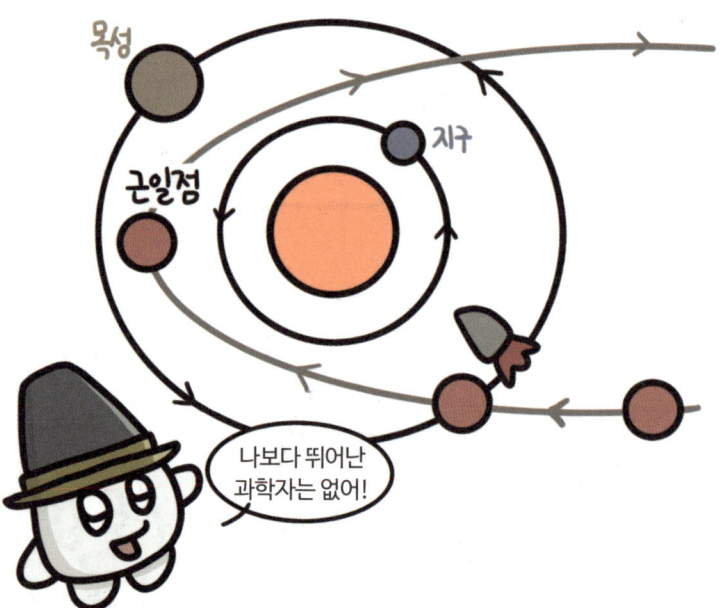

충돌의 위험성과 행성 간 인력 때문이었다.

에아와 여행자들은 안전하게 지구 궤도로 들어가는 데 성공했다.

그들은 전설로 전해지던 지구의 위성 킨구를 보았다. 달을 본 것이다.

에아는 궤도를 돌며 어느 지역에 착륙할지, 금은 어디에 있는지 관측했다.

6천 년 동안 이어지는 금의 귀중함

▲ 대영박물관에 소장된 기원전 2600년의 수메르 유물

금은 빛나는 노란색의 금속이다. 6천 년 전, 메소포타미아 문명 때부터 금은 중요한 금속으로 여겨졌다. 고대 이집트와 잉카 문명도 금을 중요시했다.

인간이 최초로 사용한 금속은 구리였고, 두 번째가 금이었다. 수천 년 동안 화폐로 사용되던 금은 녹이 잘 슬지 않아 장신구 제작에 많이 이용됐다.

금에 대한 인간의 욕심은 현재까지 이어지고 있다. 중세 시대에는 황금을 만드는 연금술이 유행했는데, 아이작 뉴턴도 납과 수은을 섞어 금을 만들기 위해 노력했다고 한다. 지구에서 금을 많이 보유한 지역은 남아프리카, 미국, 캐나다, 러시아 등이다.

금은 무른 금속이라 매우 얇게 펼 수 있다. 골프공보다 적은 양으로 건물 3층을 뒤덮는 것도 가능하다. 건축물을 금으로 덮는 데는 아주 큰 비용이 들지 않는 편이다. 《동의보감》에서는 금을 약재로 쓰기도 했다. 우황청심환이 금으로 덮여 있기도 하다.

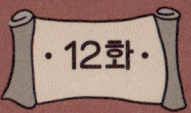

수단을 가리지 않는 신들의 사랑

기원전 44만 3천 년, 에아와 아눈나키가 페르시아만에 착륙했다.

*아눈나키는 아누(하늘)+키(땅), '하늘에서 지구로 내려온 자들'로, 니비루인이다.

에아는 바다에서 습지로 이동했고, 그 끝에서 알랄루를 만났다.
에아는 도착한 곳에 인공토대를 쌓아 최초의 도시 '에리두'를 세웠다.

그 외에 바드티비라, 라라크, 시파르, 슈루팍 등의 도시를 세웠다.
그래서 에아는 '누딤무드'라는 이름으로도 불리게 된다.

* 누딤무드는 '이름을 지어주는 자'라는 뜻이다.

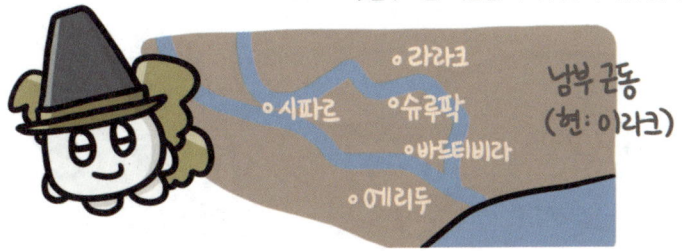

당시 지구는 빙하기를 맞고 있어서
에아는 유프라테스강과 티그리스강의 낮은 수심을 관리했다.

늪지대에는 정말로 금이 존재했다!
그런데 대기권을 회복하기에는 허무니없는 양이었다.

이윽고 바다에서도 금이 발견되는데,
늪지대보다는 많은 양으로 보여 니비루에 소식을 전했다.

니비루에서 추가 노동자들과 많은 금 분리장치가 도착했다.
아누의 딸 닌마도 함께였다.

아눈나키는 너무 빠른 지구의 밤낮에 지쳐 있었다.
에아의 이복누이인 의료원 닌마가 온 이유였다.

닌마가 지구에 온 다른 이유도 있었다.
아누가 닌마와 에아 사이에서 낳은 아들을
엔릴 다음의 왕위승계권자로 만들어주겠다는 약속 때문이었다.

결혼하지는 않았지만 닌마와 에아는 자연스레 사랑에 빠졌고,
닌마는 에아의 아이를 갖게 되었다.

닌마는 새싹의 여신 닌씨르를 낳았다.
여자는 왕위를 계승할 수 없어 에아는 고민에 빠졌다.

에아는 아들을 얻으려고 자신의 딸 닌씨르와 사랑을 나눴다.
하지만 닌씨르도 딸을 낳았다.

에아는 닌씨르의 딸과 사랑을 나눴고,
또 증손녀와 사랑을 나눴지만 모두 딸이었다.

몰상식한 에아의 행동에 분노한 닌마는
자신의 의료기술로 에아를 성불구로 만들어버린다.

에아는 고통스러워했고 닌마를 저주했다.
다른 신들의 애원에도 닌마는 에아를 치료하지 않았다.

그러다 갑자기 연민을 느꼈는지
닌마는 드디어 에아의 성불구를 치료했다.

결국 에아는 이복누이와의 사이에서 아들을 갖지 못해
후계자 생산에 실패했다.

기원전 43만 년, 지구 기후가 온난해지면서 물이 범람했고,
에아는 마구르라는 배를 타며 여가를 즐겼다.

시간이 지날수록 바다에서 채취하던 금은 부족해졌고,
아누와 그의 후계자 엔릴은 지구로 향한다.

알랄루의 손자인 안주를 데려가 지구 궤도에
우주정거장을 만들어 노동자들과 그곳을 관리하게 했다.

기원전 41만 4천 년은 에아가 니비루를 떠난 지 8년째 되던 해였다.
지구 시간으로 약 28,800년이 지난 후 아누와 엔릴이 도착했다.

압주 지하에 다량의 금이 있다는 소식도 들렸다.
압주(ABZU)는 현대의 남아프리카를 말한다.

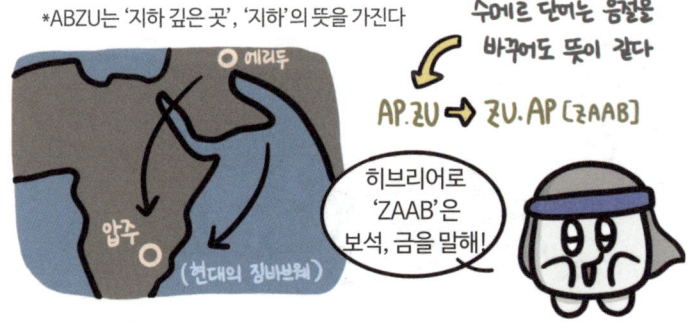

아누와 엔릴, 에아는 제비뽑기를 하여
니비루(하늘), 지구 통제권, 금광산 압주의 통제권을 정하기로 했다.

제비뽑기 결과 아누는 니비루를, 엔릴은 지구 통제권을,
에아는 압주를 갖게 되었다.

에아는 먼저 지구에 내려와 있었기에 결과에 실망했고,
아누는 에아를 위로하며 '엔키'라는 이름을 주었다.

*EN(주인)+KI(땅,지구). 엔키는 '지구의 주인'이라는 뜻이다.

엔키가 총지휘권을 가지지 못했지만 그의 권위는 높았고,
후에 수메르 만신전에는 엔키가 가장 중요한 신이라 기록된다.

엔릴은 권력의 중심지인 도시 니푸르를 다스렸고,
신들의 회의도 니푸르에서 이루어졌다.

니푸르에 '에쿠르'라는 최초의 지구라트가 건축됐고,
지구라트의 역할은 지구의 신과 하늘의 신을 연결하는 것이었다.

에쿠르의 꼭대기 '디르가'라는 곳은 안테나 역할을 하여
우주지도와 길을 알려주는 레이더를 쏘았다.

니푸르는 지구의 통제센터이자 지휘의 중심지인데,
그곳을 권위 50을 가진 후계자 엔릴이 맡은 것이다.

하지만 지구의 왕 엔릴도 완벽하지는 않았는데..
어느 날 엔릴은 니푸르 강가를 걷다가
나체로 목욕을 하는 여신을 보고 욕망을 느꼈다.

엔릴은 여신 수드에게 다가가 사랑을 나누고자 했지만,
수드는 여러 가지 이유로 거부했다.

엔릴이 자신의 시종인 누스쿠에게 고민을 털어놓자, 누스쿠는 큰 배를 준비해 그 여성을 누리라 하였다.

그 배에서 엔릴은 여신 수드를 겁탈했다.

사실 수드의 모든 행동은 엔릴을 유혹하기 위해 의도한 것으로, 그녀의 어머니가 권력을 위해 수드에게 조언한 것이었다.

아브라함의 후계자는 장자가 아니다

▲ 아브라함에게 하갈을 주는 사라 (19세기 그림)

아브라함은 야훼에게서 가나안 땅을 약속받았다. 아브라함은 사라를 아내를 두었는데, 둘은 아버지가 같고 어머니가 다른 이복누이 사이였다. 이집트로 간 아브라함의 일화에서, 그가 파라오에게 사라를 아내가 아닌 누이로 소개하기도 했다.

아브라함은 75세가 될 때까지 사라와의 사이에 자식이 없었다. 그래서 사라는 자신의 여종 하갈이 아브라함의 후계자를 낳게 했다. 그렇게 아브라함의 장자 이스마엘이 태어났다. 그런데 야훼는 이스마엘을 후계자로 인정하지 않았다. 사라의 아이가 아니었기 때문이다. 야훼의 은총으로 사라는 90세의 나이에 아들 이삭을 낳았다. 야훼는 이삭을 아브라함의 정식 후계자로 인정했다. 과거에는 혈통을 중요시해 이복누이나 사촌과의 결혼이 흔했다. 여기서 흥미로운 점은, 아랍인은 아브라함의 장자 이스마엘을, 유대인은 이삭을 각각의 조상으로 여긴다는 것이다.

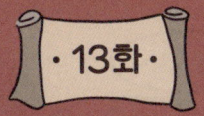

오직 신들만 지구에 살아갈 때

수드와 사랑을 나눈 엔릴은 행복에 겨워 에쿠르로 돌아갔다.

그런데 니푸르에 도착하니 운명을 결정하는 7인의 신들이 바로 엔릴을 붙잡아 비난하고 심판했다.

엔릴이 지구 신의 왕일지라도 겁탈은 절대 허용될 수 없었다.

유죄를 선고받은 아눈나키의 왕은 압주로 유배를 가고,
그 소식을 들은 수드가 엔릴의 유배를 따라갔다.

엔릴의 아이를 임신했던 수드가 압주에서 아들을 낳았다.
그 아기가 바로 엔릴의 장자 난나였다.

*압주는 신화적 관점에서 지하세계로 묘사되곤 한다.

엔릴은 자신의 아이를 낳아준 수드를 아내로 맞아
자신의 죄에 대한 책임을 지기로 하였다.

수드는 엔릴의 정식부인이 되어 '닌릴'이라는 칭호를 얻었다.

후에 난나는 도시 우르의 수호신이 되었고,
현존하는 우르의 지구라트가 바로 난나를 위한 신전이다.

* 난나의 아카드명은 '씬'과 '쑤엔'이 있다.

엔릴의 이복형 엔키는 닌마와의 결합에 실패한 후 알랄루의 손녀인 닌키를 정식 부인으로 들였다.

닌키는 아들 마르둑과 그 외에 위대한 자식들을 낳았다.
마르둑은 엔릴의 권위를 빼앗게 되는데 이것은 아주 나중의 이야기..

엔키는 여러 여신과도 관계를 맺어 여러 아들을 두었는데 네르갈, 기빌, 닌기시다, 닌아갈, 막내 두무지가 있었다.

엔키에게는 딸이 있었는데,
그녀는 결혼과 출산을 다스리는 여신이었다.

그녀는 압주에서 만난 엔릴의 장자 난나에게 반하여
먼저 다가갔고, 난나도 사랑에 빠져 둘은 부부가 되었다.

그녀는 난나의 정식 부인이 됐고, '닌갈'이라는 이름을 얻었다.

난나와 닌갈 사이에서 이란성 쌍둥이가 태어났는데
먼저 태어난 여신 인안나 그리고 남신 우투였다.

* 인안나의 아카드명은 이쉬타르, 우투는 샤마쉬이다.

난나의 장녀인 여신 에레쉬키갈은 할아버지 엔릴의 명으로
지혜의 서판을 받아 압주의 여왕이 되었다.

이렇게 엔릴과 엔키의 후손들이
서로 엉켜 위대한 3세대를 만들게 된다.

수메르에서는 아누가 니비루로 돌아가려 하자
알랄루가 그를 멈춰 세웠다.

왕위를 건 전투가 그 자리에서 바로 시작됐다.

그 결과 아누가 승리했고, 알랄루는 또다시 무릎을 꿇었다.

아누의 자랑질을 참지 못한 알랄루는
아누의 고환을 물어뜯어 삼켜버렸다!

아누는 엄청난 고통에 쓰러졌고, 알랄루는 곧바로 붙잡혔다.

엔릴은 알랄루를 바로 처형하려 했지만,
엔키는 자신의 장인이기도 한 알랄루의 처지를 동정했다.

한때 니비루의 왕이었던 알랄루는
지구 밖 우주 어딘가에 버려졌고, 그의 손자 안주는 슬퍼했다.

알랄루는 제대로 된 장례도 없이 비참하게 생을 마감했다.

아누의 남성이 제거됐다는 것은 신체의 훼손뿐만 아니라
그가 더 이상 자손을 잇지 못한다는 의미였다.

회복한 아누는 니비루로 돌아갔고,
엔릴과 엔키의 지구 프로젝트 임무가 시작되었다.

닌마는 니비루에서 가져온 '생명의 씨앗'을 심을 장소를 찾아다녔다.
마침 엔릴이 건설한 도시인 '에딘'이 심기에 적합했다.

엔릴은 닌마를 유혹했고, 둘은 자연스레 사랑을 나누었다.

엔릴의 아이를 임신한 닌마가
아들을 낳아 '닌우르타'라고 이름 지었다.

왕가의 이복남매 사이에서 태어난 아들은
왕위계승 서열 1위를 가졌기에 닌우르타는 다음 후계자로 여겨졌다.

닌우르타의 탄생을 알게 된 아누는
닌마의 어리석은 행동에 분노해 그녀를 평생 미혼으로 살게 하였다.

엔키와 닌마 사이에서 진작 아들이 태어났다면
엔키는 왕위계승권자의 아버지가 될 수 있었는데..

운이 안 따라주던 엔키, 이번에도 절망했지만
이제부터는 자신의 아들 마르둑에게 희망을 걸어보기로 했다.

신화에 등장하는 남근의 의미

▲ 아버지 우라노스를 거세하는 크로노스

신화에서는 기존 권위자의 남근을 제거함으로써 최고 권위에 오르는 이야기가 많다. 남근은 자손, 즉 권위자의 세력을 이어가는 수단이었기 때문이다. 그리스 신화의 여신 가이아는 세상 만물을 창조시킨 신들의 어머니이다. 땅인 가이아는 하늘 우라노스를 낳아 그를 왕으로 세웠다.

가이아와 우라노스 사이에서 많은 자식들이 태어났는데, 우라노스는 자신의 자식 중 머리가 여러 개 달리거나 눈이 하나인 자식들은 못났다며 지하세계에 가두었다. 가이아는 자신의 자식들을 가둔 우라노스에게 분노했다. 가이아는 막내아들 크로노스에게 아버지의 남근을 잘라 권위를 빼앗고 갇힌 형제들을 구하라고 명령했다. 크로노스는 아버지 우라노스의 남근을 잘라 그가 도망가게 만들고, 신들의 새로운 왕이 되었다.

이집트 신화에서는 형 오시리스를 죽이고 세트가 왕위에 오른다. 세트는 오시리스의 사지를 조각내어 나일강에 버린다. 이시스 여신이 나타나 사지를 다 모았지만, 오시리시의 남근은 끝내 찾지 못한다. 이처럼 남근은 고대 사람들에게 중요한 권위의 상징으로 여겨졌다.

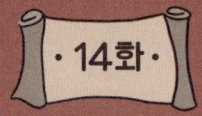

사랑과 야망, 권력의 분배

아래는 60진법을 사용하는 아눈나키의 위대한 12명의 신 목록이다.

* 운명을 결정하는 7명의 신을 노란색으로 표시하였다.
  앞의 숫자는 권위의 정도를 의미한다.

60 아누	아내 →	55 안투
50 엔릴	아내 →	45 닌릴
40 엔키	아내 →	35 닌키
30 난나	아내 →	25 닌갈
20 우투		15 인안나
10 이쉬쿠르		5 닌마

열두 신 중 대부분이 엔릴의 자식과 손자손녀이다.
차기 왕위계승권자인 '닌우르타'는 아누가 왕위에서 내려오고
엔릴이 왕이 되어 60을 가져야 50을 얻게 된다.

10의 권위를 가진 이쉬쿠르는 엔릴과 닌릴 사이의 막내 아들이다.

*이쉬쿠르의 아카드 명칭은 아다드, 히타이트 신화에서는 테슙.

엔릴은 난나와 더불어 이쉬쿠르를 매우 아꼈다.
이쉬쿠르는 천둥번개의 힘은 물론 후에 엔릴의 폭풍의 힘도 갖는다.

이쉬쿠르는 난나의 쌍둥이 인안나와 우투의 삼촌이었고,
넷은 자주 어울렸다.

압주에서 채굴된 광물은 수메르로 옮겨 제련한 다음,
우주선에 띄워 중간 정류장에 보낸 뒤 니비루로 보내야 했다.

하늘의 전차가 지구로 오면 거대한 지점을 통해
수메르 도시를 찾아야 했는데, 근처의 아라라트산이 적합했다.

아라라트의 두 봉우리 사이에서 남쪽으로 자오선을 그려
유프라테스강과 만나는 지점에 착륙장을 세웠다.

그곳을 '새의 집'이라는 뜻의 '시파르'라 이름을 붙였고,
엔릴의 손자이자 난나의 아들인 우투가 주인이 되었다.

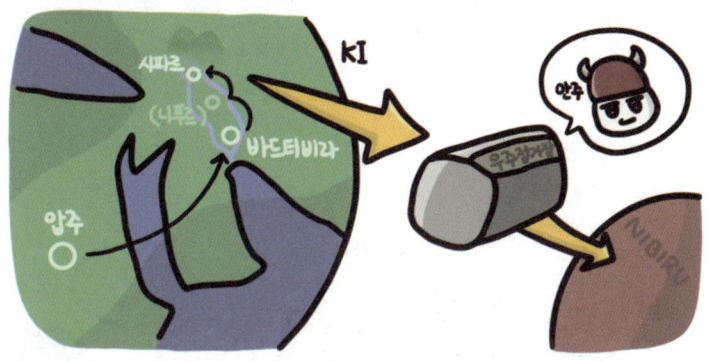

'바드티비라'는 금을 제련하고 정제하는 야금센터여서
압주-바드티비라-니푸르-시파르-니비루의 경로로 운송했다.

엔릴이 다스리는 니푸르는 하늘과 땅의 통신을 연결하는 역할을 맡았다.

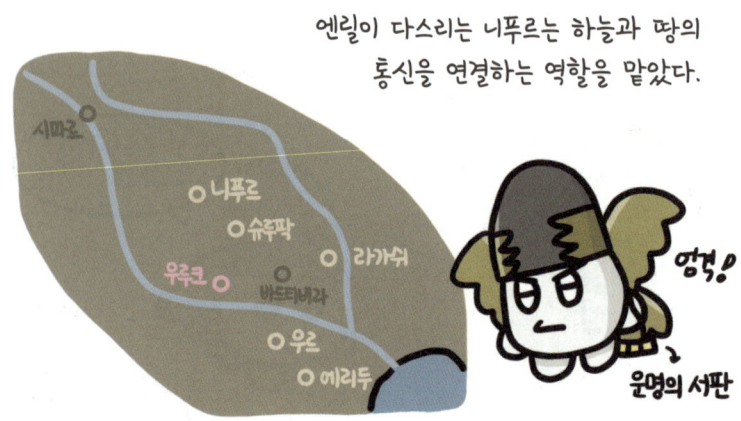

슈루팍은 의료도시로 뛰어난 의술을 가진 닌마가 다스렸고, 엔키가 압주에 있어도 에리두는 여전히 엔키의 것이었다.

도시 우르는 엔릴의 장남인 난나가 다스렸고, 구데아왕으로 알려진 도시 라가쉬는 닌우르타의 영역이 됐다.

우루크는 하늘 니비루의 왕 아누를 위한 도시였다.

아누의 증손녀, 엔릴의 손녀, 난나의 딸인 인안나는
원래 아라라트산 영역을 받았지만 우루크도 갖고 싶어했다.

인안나의 야망은 커서 아누의 연인이 되어 우루크를 가졌다.
아라라트산도 여전히 그녀의 영역이었다.

'인안나'라는 이름은 아누가 준 것으로,
그녀의 원래 이름은 이르닌니였다.

'안의 집'이라는 뜻의 지구라트인 에안나는
인안나의 신전이 되어 아누가 지구에 오면 그곳에 머물렀다.

에안나의 사제들은 신전에서 돈을 받고 사랑을 나누었는데,
인안나는 '성'의 여신이기 때문에 그 행위는 고결하게 여겨졌다.

* 우루크는 구약의 에렉. 현재 이라크의 어원이다.

미혼인 인안나에게 두 명의 청혼자가 나타났는데,
농업의 신 엔킴두와 목축의 신 두무지였다.

인안나는 엔킴두의 온화한 모습에 끌렸지만,
쌍둥이 동생 우투의 의견을 들어야 한다고 생각했다.

우투는 고민하지 않고 두무지를 남편으로 맞으라 제안했고,
인안나는 결국 두무지를 선택했다.

엔킴두는 자신의 농작물을 모두 건넸지만
두무지는 단번에 거절했다.

인안나의 첫 결혼식이 열리고
초대된 엔킴두는 진정으로 기뻐하며 둘을 축복해주었다.

* 이 일화는 구약 '카인과 아벨' 이야기의 모티브가 된다.
  (야훼가 농부 카인을 거절하고 목동 아벨을 받아들인 것처럼..
  구약에서는 BAD 엔딩이지만, 여기서는 HAPPY 엔딩이다.)

바드티비라는 두무지의 도시였는데,
인안나는 이곳에도 자신의 신전을 세웠다.

우투의 시파르에도 자신의 신전을 세웠다. 니푸르도 피할 수 없었다.

만족을 모르는 인안나의 야망은 에리두에도 닿았고,
엔키는 인안나를 맞이하여 연회를 열었다.

엔키는 인안나의 유혹이 가식인 것을 눈치챘지만,
그녀의 매력에 빠져 그만 술에 취해버렸다.

그 틈을 노려 인안나는 엔키에게 '메'를 달라고 요구했다.

이성을 잃은 엔키는 그녀에게 자신의 100가지 '메'를 주고 말았다.

* '메'는 신들이 가진 신성한 법과 권능을 의미한다.
  엔키는 지혜의 신이어서 가장 뛰어난 '메'를 가진 것으로 추측.

인안나는 엔키의 메를 챙긴 뒤 자신의 '무'를 타고 떠났다.

술에서 깬 엔키는 시종 이시무드를 나무라며
인안나를 잡아오라 했지만 이미 그녀는 떠나고 없었다.

인간이 탄생한 후 수메르 역사에서 우루크가
가장 큰 영향력을 가졌던 이유는 여신 인안나 덕분 아닐까?

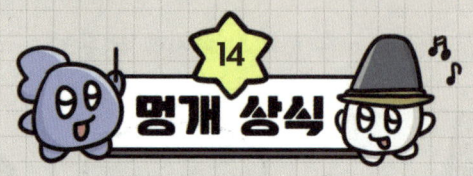

사랑의 여신 인안나

▲ 우루크의 제물을 받는 인안나

수메르의 인안나는 사랑과 전쟁의 여신으로, 태양계의 두 번째 행성인 금성을 상징으로 한다. 인안나는 에안나 신전을 둔 우루크의 수호신이었다. 하지만 욕심이 강했던 것인지, 다른 신들이 수호하는 도시에도 인안나 여신을 숭배하는 신전이 세워져 있었다.

여신 인안나는 우루크의 왕이었던 길가메시에게 청혼을 거절당하자, 하늘의 황소인 구갈안나를 풀어 도시를 파괴시킬 정도로 잔인한 신이기도 했다. 인안나가 지닌 사랑이라는 상징은 순수함이 아닌 관능적인 사랑을 의미해서 우루크의 에안나 신전에서는 성스러운 매춘이 벌어지기도 했다. 신성한 결혼식에서 여사제는 자신의 방으로 젊은 남성을 부를 수 있었는데, 그 남성은 인안나의 남편 두무지를 상징하는 것이었다.

인안나는 이쉬타르, 이슈타르Ishtar로 불렸는데 금성의 대륙 중 가장 큰 고원의 이름이 바로 '이슈타르 대륙'이다. 이슈타르 대륙의 가장 높은 봉우리는 1만 미터 정도로 에베레스트산보다 높다. 인안나의 야망을 닮았다. 수메르의 동쪽 지역에는 주도적인 여신의 신화가 존재하며, 수메르 북쪽 지역의 후르리족은 인안나를 이샤라ishara라고 부르며 전쟁 신들의 어머니로 숭배했다.

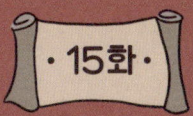

신들의 상징과 뜨거운 사랑

인안나는 8개의 별로 상징되는데
금성이 8번째 행성이고, 금성은 인안나의 상징이기 때문이다.

그래서 '하늘의 50은 7이다'라는 말에서
엔릴(50)이 지구(7)인 것이다.
아누는 니비루, 즉 하늘의 왕이고 별 하나로 묘사된다.

인안나는 7마리의 사자를 거느려서
별자리 중 사자자리의 상징이 되었다.

그녀의 쌍둥이 동생 우투는 게자리의 상징이다.

또한 정의와 법의 신이어서 천칭과 전갈자리의 상징이기도 하다.

쌍둥이를 탄생시킨 난나는 쌍둥이자리의 상징이다.

닌우르타는 전사의 신이어서 사수자리를 상징했다.

처녀자리의 상징은 모신으로 여겨지는 닌마였다.

* 닌마의 다른 이름 중 '마미'가 있는데, 이것이 'MOM'의 어원.

지구는 팽이와 같이 회전을 하다가 어느 순간 방향을 바꾸는데 이것이 바로 세차 운동이다.

세차 운동으로 인해 춘분점의 별자리는 약 2,100년마다 역행한다.

과거 어떤 학자들은 춘분점의 별자리가 순환하는 2,100년 동안 별자리의 특징이 시대에 반영된다고 믿었다.

엔키가 지구에 온 시점은 물병자리 시대였고,
물의 신이 엔키여서 염소와 물고기자리의 상징이기도 하다.

엔릴의 도시 니푸르가 건설되던 중 엔키는 라르사에 머물렀는데
그동안은 양자리, 니푸르가 완공된 시점은 황소자리의 시대였다.

별자리의 고향은 수메르라 할 수 있다.
장수하는 신들이 그들에게 세차 운동을 알려준 걸까?

인안나의 친언니인 여신 에레쉬키갈은
납색의 얼굴과 검붉은 입술을 가진 압주의 여왕이었다.

그녀가 지닌 지혜의 서판은 광물에 관한 정보로 추정되며
그 야금술의 관리는 엔키의 아들 기빌이 맡았다.

여왕 에레쉬키갈은 남편을 여럿 두었는데
그중 엔키의 아들 네르갈과의 사랑 이야기가 유명하다.

네르갈은 엔키의 아들로 '위대한 지켜보는 자'라는 뜻을 지녔다.

어느 날 하늘에서 50명의 위대한 신을 위한 만찬이 열렸는데 에레쉬키갈은 오지 않고 그녀의 시종 남타르가 온 것이다.

남타르는 모든 신들에게 환영받았는데 딱 한 명, 어떤 대머리 신이 남타르를 무시했다.

남타르는 압주로 돌아가 여왕 에레쉬키갈에게
대머리 신에 대한 불만을 드러냈고, 분노한 여왕은 그를 불러냈다.

네르갈은 전혀 갈 생각이 없었지만,
신들의 아버지 아누의 명령 때문에 압주로 가야 했다.

엔키는 압주에 가면 먹지도 마시지도 씻지도 말라고 경고했다.
특히 동침을 해서는 안 된다고 당부했다.

남타르는 압주에 도착한 네르갈을 만찬과 함께 환영했다.

네르갈은 아버지 엔키의 조언대로 모든 경고를 지켰지만,
목욕을 하고 있는 여인을 보자 본능에 몸을 맡겼다.

서로의 정체도 모른 채 여인(여왕)과 네르갈은 7일 밤낮을 보냈다.
동침이 끝난 뒤에야 서로를 알게 된 것이다.

에레쉬키갈은 네르갈이 돌아가지 않기를 바랐고,
네르갈은 돌아올 것을 약속하며 궁전을 떠났다.

네르갈의 약속은 거짓이었다.
기다림에 지친 에레쉬키갈은 하늘의 신 아누에게 편지를 보냈다.

결혼을 원하지 않은 네르갈은 화가 나 자신의 부하들을 이끌고
압주에 있는 에레쉬키갈의 궁전으로 쳐들어갔다.

궁전으로 가려면 뭐든지 주어야 하는 7개의 문을 지나야 했다.
잔인한 네르갈은 14명의 문지기들을 물리치며 입구까지 도달했다.

시종 남타르가 그를 공격하려 했지만 오히려 당했고,
네르갈은 여왕 에레쉬키갈 앞에 섰다.

시종들은 그녀를 지키려 했지만,
여왕은 이를 막고 네르갈의 위대함을 선언했다.

에레쉬키갈의 말을 들은 네르갈은 칼을 내려놓고
그녀의 눈물을 닦으며 키스했다.

두 번째 남편이 된 네르갈은 압주의 왕이 되었고
1년의 절반은 궁전에서, 나머지 절반은 자신의 거처에서 지냈다.

그리스인들은 에레쉬키갈과 자신들의 여신 헤카테를 동일시했고,
네르갈의 이야기는 '하데스와 페르세포네'의 모티브가 되었다.

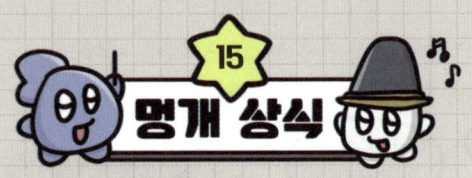

겨울의 탄생

▲ 페르세포네를 납치하는 하데스 조각상

명계(지하세계)의 왕인 하데스와 풍요의 여신 데메테르의 딸 페르세포네 사이에는 다음과 같은 일화가 있다. 여신 데메테르는 자신의 남자형제이자 신들의 왕인 제우스에게 겁탈당해 딸 페르세포네를 낳았다. 데메테르는 아름다운 자신의 딸이 남성 신들에게 들킬까 두려워 페르세포네를 시칠리아섬에 숨겨 키웠다.

어느 날, 명계에서만 살던 하데스가 잠시 땅으로 올라왔는데 그때 아름다운 페르세포네를 보고 그녀를 자신의 명계로 데려갔다. 페르세포네를 납치한 행위는 그녀의 아버지 제우스가 하데스에게 권한 것이었다. 데메테르는 딸이 사라지자 이곳저곳 찾아다녔다. 페르세포네는 어디에도 없었는데, 태양신 헬리오스가 나타나 하데스와 제우스의 진실을 알려주었다. 풍요의 여신 데메테르가 땅을 돌보지 않자 곡식이 나지 않고 온통 황무지가 되어 버렸다. 심각한 상황이 벌어지자 제우스는 헤르메스에게 페르세포네를 데메테르에게 데려다주라 명령했다. 하지만 지하의 음식을 먹은 페르세포네는 계속 땅에만 머무를 수 없었고, 1년 중 4개월은 명계에 머물러야 했다. 페르세포네가 없는 기간 동안 데메테르가 땅을 돌보지 않아 그 4개월은 겨울이 되었다.

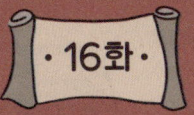

16화

최고가 되기 위한 전투

우투는 인안나의 쌍둥이 동생으로,
달의 신 난나의 아들이자 폭풍의 신 엔릴의 손자이다.

그 시대에 별들을 거느린 달은 태양보다 위대하게 여겨졌다.
아버지 난나가 달의 신인 이유다.

수메르인은 하늘의 각 별자리가 이동하는 데
20일이 걸린다고 생각했는데, 그래서 그의 권위가 '20'일까?

최초 영웅담의 주인공인 길가메시가 바로 우투의 후손이다.

'태양' 우투는 낮에 일어나는 모든 것을 살폈기에
정의의 신으로 여겨졌다. 그의 도시 시파르는 대법원이나 마찬가지였다.

그리스 신화에 등장하는 태양신 헬리오스와 유사한데
그는 하데스가 여신을 납치하는 장면을 본 유일한 신이었다.

우투는 우주공항 시파르에서 '무'와 '기르'를 관리했는데
그것들을 통틀어 쉠(shem)이라 부르기도 했다.

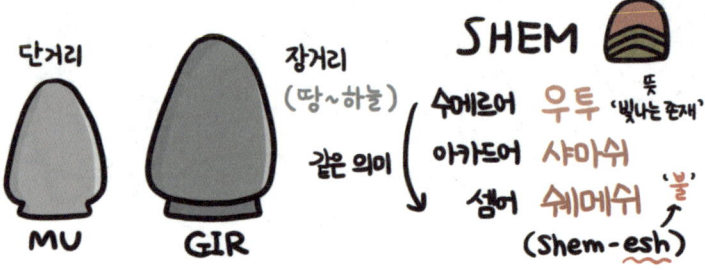

시파르는 독수리의 기지였고, 우투는 독수리의 주인이었다.
종종 우투도 독수리로 묘사됐다.

그의 부하인 독수리 인간들은 하늘의 거처를 지키며
생명의 빵과 물을 든 모습으로 등장한다.

수메르 문서의 독수리들은 하늘과 땅을 오가는 전령!
어쩌면 우주비행사였을지도 모른다.

"내가 애굽 사람에게 어떻게 행하였음과 내가 어떻게
독수리 날개로 너희를 업어 내게 인도하였음을 너희가 보았느니라"
— 출애굽기 19:4 —

참고로 수메르인이 아들을 교육하는 방식인
'우투는 하나다!'는 유일신 사상의 계기가 되었다.

인간 최초의 달 착륙선은 '아폴로 11호'인데
독수리가 상징으로 그려져 있다.

우주에서 달 착륙선이 분리될 때
비행사들은 '독수리가 날개를 펼쳤다'고 외쳤다!

독수리의 의미는 또 악마와 연관되기도 하는데
어떤 이야기가 있는 것일까?

알랄루의 손자인 안주는 어쩌면 왕자이고,
후계자가 될 혈통이었을지도 모른다.

알랄루가 폐위되고..
안주는 우주정거장을 관리하는 이기기의 대장이 되었다.
이기기의 생활은 아눈나키에 비해 매우 고됐다.

안주는 이기기의 열악한 노동 환경을 전하기 위해
니푸르의 엔릴에게 갔다.

이야기를 들은 엔릴은 고민에 빠졌고,
엔키는 안주를 잡아두라는 조언을 건넸다.

니푸르에 머물게 된 안주는 운명의 서판이 있는
디르가의 문지기 역할을 맡았다.

문지기가 된 안주는 엔릴을 관찰하고 음모를 꾸몄다.

엔릴이 수영을 하러 간 날이었다.
안주는 이 기회를 놓치지 않고 실행에 옮겼다.

안주는 '운명의 서판'을 훔친 후
자신의 무를 타고 후르삭무산으로 도망쳤다.

우주의 데이터가 담긴 운명의 서판에
하늘(니비루)과 땅(지구)의 모든 운명이 달려 있었다.

운명의 서판이 디르가에서 사라지니 모든 것이 정지되고
하늘의 왕까지 이 소식을 알아챘다.

알고 보니 안주는 엔릴의 '빛이 나는 무기'도 훔쳐 갖고 있었다.
그래서 거의 무적 상태였다.

아누는 안주를 물리칠 용사를 찾기 시작했다.
그를 물리치면 위대하게 칭송되리라 약속했다.

아누의 부탁임에도 이쉬쿠르는 거절했고,
지혜로운 엔키마저도 대책이 없었다.

그런데 갑자기 게으르고 권위만 내세우던 닌우르타가
자신이 안주를 물리치겠다고 나섰다.

엔키와 닌마도 닌우르타가 싸우기를 바랐다.
난나와의 경쟁에서 후계자 자리가 위험했기 때문이다.

어머니 닌마는 아들에게 '7개의 바람'을 무기로 쥐어주었고,
아누와 엔릴도 도움을 주었다.

닌우르타는 자신의 무을 타고 후르삭무산으로 향했다.
그리고 산 중턱에서 일부러 바람을 일으켜 시야를 가렸다.

주는 엔릴에게서 빼앗은 '빛의 무기'를 들어
누가 자신을 상대하러 왔는지 확인했다.

닌우르타는 안주에게 돌진했다.
이 사건이 후에 전쟁의 원인이 될 것임을 아무도 알지 못했다.

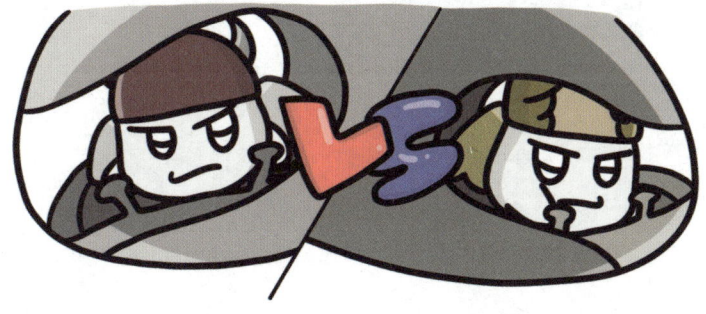

'안주vs닌우르타'의 이야기는 바빌로니아 주신인 마르둑을 찬양하기 위해
'티아마트+킨구vs마르둑'으로 변형된 '에누마 엘리시'로 기록되었다.

인류의 위대한 도약

▲ 사령선에서 촬영한 착륙선 이글의 이륙 장면

미국의 대통령이었던 존 F. 케네디는 1960년대가 끝나기 전에 인간을 달에 착륙시킬 것이라 선언했다. 그렇게 미국의 '아폴로 미션'이 시작됐고, 1969년 7월 16일 아폴로 11호를 실은 새턴 V 로켓이 발사됐다. 아폴로 11호는 3일이 지나 달 뒤편에 도착했다.

궤도를 돌며 대기해야 하는 사령선에는 마이클 콜린스가 남고, 닐 암스트롱과 버즈 올드린이 달착륙선에 탄 채 분리됐다. 사령선의 이름은 콜럼비아였고, 착륙선의 이름은 미국의 국조인 흰머리수리를 딴 '이글'이었다.

착륙선이 예상보다 빠르게 이동하는 상황이 발생해 암스트롱이 조종을 반수동으로 바꿔 연료 10초분을 남긴 채 달에 착륙했다. 1969년 7월 21일 새벽 2시 56분 암스트롱이 "휴스턴, 여기는 고요의 바다. 이글은 착륙했다"고 말하며 인간이 최초로 달에 발을 디뎠다. 그들은 성조기를 꽂고 달 표본을 수집했다. 직접 달을 밟은 시간은 단 2시간이었으며, 달에서의 모든 시간은 21시간 30분이었다. 사령선에 있던 콜린스는 달 궤도를 돌며 그들을 기다렸고, 곧 착륙선과 도킹하여 아폴로 11호는 7월 24일에 다시 지구로 돌아왔다.

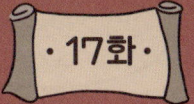

안주의 반란과 그의 정체

닌우르타가 돌진하니 안주는 빛의 무기를 거두었다.

용사가 자신의 천둥새로 번개를 쏘았지만 닿지 않았다.
어떤 번개도 안주에게 통하지 않았다.

그러자 엔키가 미사일 '틸루(tillu)'를 건네며
안주가 탄 새 날개에 쏘라고 했다.

천둥새가 상대 새의 날개로 틸루를 맞추니
안주는 무력해졌고 하늘은 어두워졌다.

닌우르타는 '운명의 서판'을 되찾고 신들의 패권을 가졌다.

엔릴의 옥새는 다시 제자리로 돌아갔고,
신들의 모든 규칙이 안정을 찾았다.

7명의 위대한 신이 안주를 심판하러 모였다.

안주는 유죄로 사형을 선고받았고, 닌우르타가 그의 목을 베었다.

엔키는 닌우르타가 위험한 싸움에 말려들게 하면서도 엔릴의 아들을 도와줬다. 엔키의 의도는 무엇이었을까?

안주는 수메르 신화의 '적'이어서
수메르인은 주를 악마새 모습으로 상상했다.

현대의 악마들이 새의 날개를 가진 것은 우연이 아니다.

악마새 중에 어떤 것들은 릴루(Lillu)라고 불렸고,
릴루의 우두머리는 '릴리트'라고 칭했다.

닌우르타가 적을 무찔러 신의 패권을 가지는 이야기는 많은 신화들의 필수적인 소재로 자리잡았다.

그리스의 크로노스가 우라노스의 남근을 잘라 패권을 장악하듯 제우스는 티폰을 물리치고 신의 왕이 되었다.

이집트에서는 오시리스를 죽이고 세트가 패권을 갖는다.

안주가 알랄루의 후손으로 설정된 것은
히타이트 신화에서 쿠마르비가 알라우의 후손이기 때문이다.

그런데 사실 안주의 정체는 모호해서
어떤 학자들은 그가 '난나'라고 주장하기도 했다.

의혹(1) 난나의 또 다른 이름은 '쑤엔(SU.EN)'이다.
수메르 문법 법칙에 의해 '엔주(EN.SU)'라고 할 수도 있다.

의혹(2) 안주는 에누마엘리시의 킨구와 동일시되는데 킨구가 달이라는 것과 난나는 달의 신이라는 점.

의혹(3) 난나의 도시 '우르'는 가장 번성하던 도시였는데 갑자기 신들에 의해 파괴된 것.

의혹(4) 난나는 엔릴의 장자이기 때문에 닌우르타와 후계자 자리를 두고 경쟁할 가능성이 높았다.

난나는 한때 가장 위대했던 도시 우르의 수호신이었고,
'아버지 난나'라고 불릴 정도로 인간들과 친밀했다.

난나는 파괴된 우르를 떠나
하란에 우르와 아주 비슷한 도시를 세웠다.

수메르의 거대한 역사는 엔릴에게서 패권을 뺏은 마르둑,
그리고 마르둑의 패권을 뺏은 난나로 흘러간다.

난나는 원형의 달보다는 초승달로 상징된다.

난나가 패권을 지닌 지역이 초승달 모양이라
초승달로 상징되었던 걸까?

난나의 최종영역

구약의 모세가 십계명을 받은 시내산,
그리고 시나이반도가 바로 난나의 이름에서 따온 것이다.

난나의 친동생 이쉬쿠르는 10의 권위를 가진 신이다.

다른 이름인 아다드(adad)는 '사랑하는'의 뜻을 가졌다.
이 이름은 조카인 인안나와 관련이 있다.

구약 아가서에서는 어린 여자가 애인을 도드(dod)라고 부른다.
도드의 뜻이 '삼촌'이기 때문이다.

안주의 반란이 끝난 뒤 평화는 오래가지 못했다.

압주에 다녀온 인안나는 그곳에서 노동하는
아눈나키의 모습을 걱정했다

하여 엔릴이 아들 닌우르타를 전령으로 보내
압주의 엔키를 만나보게 했지만, 오히려 상황은 더 나빠졌다.

엔릴은 직접 압주로 가서 정황을 살핀 뒤,
별다른 해결책 없이 압주의 처소에서 잠을 청했다.

분노한 압주의 아눈나키는 폭동을 일으켰다.
왕의 처소를 둘러싸 포위한 것이다.

시종 누스쿠가 엔릴을 깨우자
폭동을 일으키는 노동자들에 분노한 엔릴은 무기를 들었다.

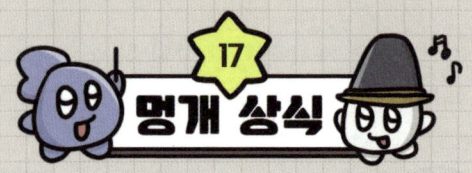

달의 신을 숭배한 우르와 하란

▲ 재건된 우르의 지구라트에 오르는 미군

메소포타미아 문명에서 달은 태양보다 우위에 있는 천체였다. 달은 모양을 바꾸며 날을 알려주었고, 주변의 별들을 거느린 위대함의 상징이었다.

수메르에서 가장 높은 아누의 후계자 엔릴, 그리고 엔릴의 장자가 바로 달의 신 '난나'였다. 시간이 지나며 달은 여성 신의 상징이 되지만, 초기에는 남성 신의 상징이었다. 달이 태양보다 위대했기 때문에 난나의 아들인 우투가 태양신인 것이다.

달의 신 난나는 수메르의 도시 우르와 수메르 북서쪽의 하란에서 숭배됐다. 우르는 상업의 도시로 성장했고, 수메르의 도시 중 가장 오래 번성했다. 하란도 우르처럼 상업의 중심지로 성장했으며 똑같이 난나를 숭배했다.

신아시리아 제국도 난나를 숭배했지만, 신바빌로니아에게 정복당하면서 마르둑이 주신으로 내세워졌다. 그리하여 훨씬 좋은 혈통을 가진 난나의 사상이 묻히고 12신에 속하지도 않던 마르둑이 숭배되기 시작했다. 심지어 〈에누마 엘리시〉의 주인공도 마르둑으로 바뀌었다.

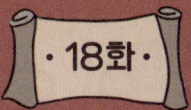

18화

인공수정으로 창조된 인류

시종 누스쿠는 무기를 든 엔릴을 말리며 조언했다.

위대한 7인 신의 회의가 열렸다.
압주 아눈나키의 고통을 들은 엔릴이 눈물을 흘렸다.

엔릴은 결심했다.
자신이 니비루로 돌아가거나 주동자를 처형하기로.

아누는 엔릴의 마음을 알았지만,
아눈나키의 아픔도 헤아려 어쩔 줄 몰랐다.

아누의 반응을 본 엔키가 해결책을 제시했는데,
지구에 존재하는 원시생명체로 노동을 대신하게 하자는 것이었다.

압주 동쪽에 자신들과 비슷한 존재가 있음을 확인했고,
신의 일부를 그들과 섞는 방법을 선택했다.

엔릴은 처음에 반대했지만,
결국 동의하여 엔키의 의견은 신의 모든 동의를 얻었다.

해당 프로젝트에 산파의 여신 닌마가 엔키와 함께하였고,
그 실험은 병원 심티(shimti)에서 진행됐다.

엔키가 말한 원인(原人)은 난폭하고 지능도 낮았지만,
신과 염색체 수가 비슷하여 유전자 조작의 가능성이 있었다.

서로 다른 과나 종의 생명체는 교배가 불가능에 가깝지만
염색체의 수가 비슷하면 가능성이 생긴다.

여자 원인과 남성 아눈나키를 짝짓기시키자 임신에 성공했다.

여자 원인이 아이를 낳았는데
몸에는 털이 많고 원인과 다를 게 없어서 닌마는 고민에 빠졌다.

닌마는 원인의 난자와 아눈나키 정자로 결합된
수정체를 여성 아눈나키 자궁에 이식하는 방법을 제안했다.

자연적으로든 인공적으로든 이미 결합된 수정체는
어떤 자궁에 이식되어도 염색체 정보가 보존되어서 가능했다.

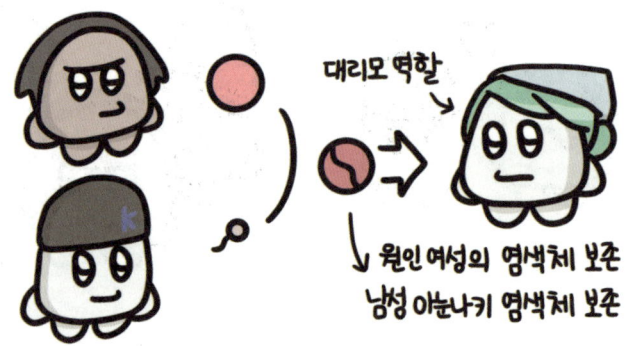

하지만 어떤 여성 아눈나키가 짐승을 품고 싶을까?

그때 닌마가 나섰다. 수정체는 닌마의 자궁에 이식되었다.
그녀는 열 달을 기다렸다.

태어난 남자아이는 피부가 부드럽고 희며 검은 머리카락에
지능이 높았다. 마치 신과 같은 피조물이 탄생한 것이다!

남자아이에게는 아다무(adamu)라는 이름을 주었고,
이후 탄생한 여아에게는 티아맛(tiamat)이라는 이름을 주었다.

엔키는 출산의 여신 14명을 심티로 데려와
7명은 남아, 7명은 여아를 낳게 하였다.

그들은 외면과 내면이 신의 형상과 비슷했지만
하이브리드이기 때문에 번식은 불가능했다.

고대 그림에 등장하는 반인반수의 괴물들은
인간 창조의 실패작이 아닐까?

엔키는 최초의 남성 아다무와 여성 티아맛만이
노동하지 않아도 된다 허락했고, 수메르 에딘에 살게 하였다.

엔키가 최초의 남녀를 압주에서 탄생시켜
에딘에 데려다놓는 것은 구약의 내용과 유사하다.

하느님이 아담과 이브를 창조하고
동쪽 에덴동산에 데려갔다
(= 에덴의 서쪽에서 인간을 창조한 것)

나머지 14명의 인간들은 압주에서 노동을 시작했고,
압주의 아눈나키는 생명의 물과 빵을 먹으며 체력을 회복했다.

그런데 이번에는 수메르의 아눈나키가 불만을 드러냈다.
자신들도 노동자를 달라는 것이었는데, 엔키는 거절했다.

엔키의 거절에 엔릴은 압주와의 모든 통신을 끊고
압주로 가서 그들의 거처를 부순 뒤 멋대로 인간들을 데려갔다.

그리고 인간들을 에딘에 두고 수메르에서 노동하게 했다.
그 인자였던 엔키는 힘이 없었다.

에딘을 바라보던 엔키는 생각했다.
인간의 성장 속도는 왜 이리 빠른가? 번식은 절대 불가능할까?

엔키는 아주 교묘한 아이디어를 떠올렸고,
곧바로 실행에 옮겼다.

그러자 여성 인간이 임신을 해서 아이를 낳았는데
본래 인간과 비슷한 남아가 태어났다.

두 번째 인류는 첫 번째와 외향은 비슷했지만
더 뛰어난 지혜와 전보다 긴 수명, 생식 능력도 갖추었다.

엔키는 자신의 인간 아들에게 '아다파'라는 이름을 주었고,
같은 방식으로 태어난 여자아이는 '티티'라고 하였다.

새로운 인간이 생식 능력을 갖춘 사실을 알아챈 엔릴은
둘을 에딘에서 내쫓았고, 아다파는 떠돌이 생활을 했다.

압주에서 탄생하고 정착한 인류!
실제로 호모사피엔스는 아프리카에서 기원하였다.

호모사피엔스는 기원전 30만 년에 탄생됐고,
그것에 40샤르를 더하면 기원전 44만 3천 년이다.

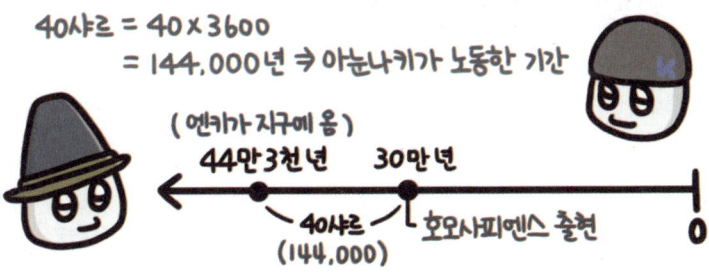

현 인류의 지혜는 다른 인류에 비해 훨씬 뛰어나다.
신의 실험이 인간의 진보를 앞당긴 것이다.

호모 사피엔스와 조우한 인류

▲ 새끼손가락 뼈의 DNA 정보를 바탕으로 복원한 데니소바인 여성

80억 명의 현생 인류는 호모 사피엔스Homo Sapiens를 직계 조상으로 두고 있다. 호모 사피엔스는 지구에 남은 유일한 인류종이다.

35만 년 전, 남아프리카에서 출현한 호모 사피엔스는 아프리카를 벗어나 지금은 멸종한 다른 인류와 조우했다. 가장 먼저 만난 인류는 유럽에서 출현해 유라시아까지 영역을 넓힌 네안데르탈인이었다. 그들은 호모 사피엔스보다 큰 흉곽과 두꺼운 뼈, 넓은 골반의 신체를 갖고 있었고, 우리처럼 ABO 혈액형을 갖고 있었다. 네안데르탈인은 호모 사피엔스와 교배해 현생 인류의 평균 1~3%가 그 유전자를 지니고 있다.

2008년 알타이 지방 동굴의 새끼손가락 뼈 덕분에 동일한 시기에 존재했던 '데니소바인'을 발견했다. 네안데르탈인보다 더 넓은 골반을 가졌고, 어금니가 인간의 1.5배 정도로 매우 컸다. 그들의 유전자는 현재 오세아니아 부근에 사는 인류에게서 더 높게 측정된다.

다른 종의 멸종 이유는 환경 변화에 적응하지 못했기 때문으로 보고 있다. 같은 시기에 살았던 그들은 서로 교배했고, 지금의 인간에게 일부의 유전자를 남겼다. 그래서 현생 인류인 호모 사피엔스 사피엔스는 호모 사피엔스와 네안데르탈인, 데니소바인, 아직 발견되지 않은 인류의 혼종이라 볼 수 있다.

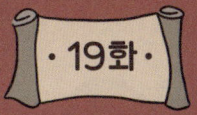

신이 대홍수를 일으킨 이유

엔키와 엔릴의 모습은 마치 구약의 뱀과 야훼처럼 보인다.
아다파와 티티는 아담과 이브를 말하는 것 같다.

하느님은 에덴동산에 인간을 두고 지혜의 나무에서 자라는
'열매'를 절대 먹지 말라고 당부했다.

그리고 뱀이 나타나 이브에게 지혜의 '열매'를 먹으라고 유혹한다.

구약에서는 뱀을 'nahash'로 적었는데,
이 단어는 히브리어 'nhsh'에서 파생됐다.

하느님이 보기에 뱀은 사탄, 루시퍼, 악마이지만
그들은 인간에게 진실을 알려준다.

아담과 이브가 지혜의 열매를 먹자
둘은 '알았다(knowing)', 그래서 서로의 몸을 가렸다.

하느님은 열매를 먹은 인간을 '타락했다'고 하는데 왜일까?
그 죄 때문에 아담과 이브는 에덴동산에서 쫓겨났다.

번식이 가능해졌다는 이유로 에딘에서 내쫓긴 엔릴과 같다.

수메르에서 뱀은 엔키의 상징이었다.
금단의 열매를 권한 뱀은 생식 능력을 준 엔키라고 볼 수 있다.

지구의 소식을 듣고 놀란 아누가
당장 아다파를 하늘의 왕궁으로 데려오라 하였다.

엔키는 아다파가 살해될 것을 두려워해
아누가 주는 어떤 것도 먹지 말라고 당부했다.

아다파는 독수리가 조종하는 기르에 타서 하늘로 올라갔다.

아누는 아다파의 지혜에 감동해
그가 하늘에서 신과 같이 살기를 바랐다.

그래서 생명의 물을 아다파에게 권했는데
아다파는 엔키의 말에 따라 거절했다.

신과 같은 수명을 얻지 못한 아다파는 지구로 돌아온다.

아다파는 엔키의 도시인 에리두의 대제사장으로 임명됐고,
인간들은 전보다 훨씬 다양한 삶을 살아갔다.

두 번째 인간의 조상들이 카인과 아벨 형제를 낳았다.

신들의 식량 보급을 위해 카인이 농경을 맡고
아벨이 목축을 하도록 하였다.

어느 날 카인이 동생 아벨을 살해했다.
분노한 엔키는 카인을 수메르 밖 동쪽으로 추방했다.

카인은 수메르를 떠났고, 여동생과 결혼하여 아들 에녹을 낳은 뒤
아들의 이름으로 도시를 세웠다.

후에 수메르 추방자들에 의하면
자신들의 우두머리를 부르는 호칭이 '카인'이었다고 한다.

'아담과 이브의 서'라는 고대 전설을 보면,
아담은 930세에 병이 들어 셋째 아들 셋이 돌보았다.

아담은 셋에게 천국의 입구에 가서
생명나무의 열매를 가져다 달라고 부탁했다.

하지만 입구에서 천사 미카엘이 막아섰고,
아담은 결국 6일 후 생을 마감했다.

인간은 점점 늘어났고,
짝이 없던 아눈나키는 아름다운 인간 여성들과 사랑을 나눴다.

[창세기] 6장 2절
하나님의 아들들이 사람의 딸들 ~ 아내로 삼는지라
[창세기] 6장 4절
당시 땅에는 네피림이 있었고 그 후에도 하나님의 아들들이
사람의 딸들에게로 ~ 자식을 낳았으니 ~ 명성이 있는 사람들이었더라.

엔릴은 신과 인간이 사랑을 나누는 소리에 잠을 잘 수 없었다.
그에게 인간을 멸해야겠다는 마음이 생겨났다.

기원전 10,000년경, 지구는 빙하기를 맞았다.
인간들은 흉년과 기근에 죽어가고 인육을 먹기도 했다.

그때 우주정거장에서 소식을 전해왔다. 남극의 빙하가 두꺼워져
그것이 미끄러지면 엄청난 해일이 온다는 것이었다.

게다가 니비루가 화성과 목성 사이를 횡단하며
지구 근처로 다가오고 있었다.

엔릴은 신들을 모아 다가올 재난에 대해
인간에게 비밀로 할 것을 강요했다.

엔키를 제외한 모든 신이 여기에 서약했다.
엔키도 반강제로 서약하게 됐다.

슈루팍에서 처음으로 인간이 왕위에 올랐는데
그의 이름은 지우수드라였고, 신 엔키를 각별히 모셨다.

천문학적 별자리의 시대

약 2,160년을 기준으로 황도대의 열두 별자리가 분점을 역행하는데, 고대 점성술에서는 별자리가 그 시대에 영향을 끼친다고 보았다.

BC 10,500~8,000년은 춘분점에 사자자리가 위치했다. 불의 속성을 지닌 사자자리는 태양을 주인으로 하고 있어 지구온난화로 해수면이 상승하고 대홍수가 일어났다. BC 8,600~6,450년 게자리 시대에는 신석기 문화의 시작으로 동물을 농경에 이용하고 도예 기술을 이용해 음식을 보관했다. 달을 주인으로 하는 게자리는 '어머니'와 같은 보호와 양육을 의미했다.

BC 6,450~4,300년 쌍둥이자리는 이동과 다양함을 의미한다. 상업이 발달하고 운송 기구가 늘어나며, 다신교와 문자가 등장했다. BC 4,300~2,150년은 황소자리의 시대로 메소포타미아와 이집트 문명에서 황소를 숭배했다. 흙의 속성인 황소자리는 완고함이 큰 특징으로 금속을 처음 제련해 검을 만들고 파피루스를 남겼다.

BC 2,150~AD 1년은 양자리의 시대였다. 불의 속성 양자리는 화성이 주인 행성이어서 페르시아와 로마처럼 전쟁과 모험이 다분했다. 로마인은 자신들이 화성의 자손이라 주장했다. AD 1~2,150년은 물고기자리의 영적인 특성이 유일신 종교를 만들어냈다. 또 수많은 미술과 음악 작품을 남겼다.

현대는 물병자리 시대에 도달했거나 물고기와 물병에 걸쳐 있을 확률이 높다. 공기의 속성을 지닌 물병자리는 자유와 기술의 시대일 것이며, 엄격과 통제의 특성을 지닌 토성을 주인으로 하고 있어 전체주의 사상이 주가 된다고 한다.

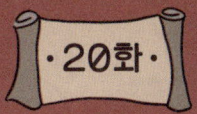

영생을 받은 인간의 조상

지우수드라는 종교를 핑계로 큰 배를 만들기 시작했다.

배를 만드는 데 7일이 걸렸다.

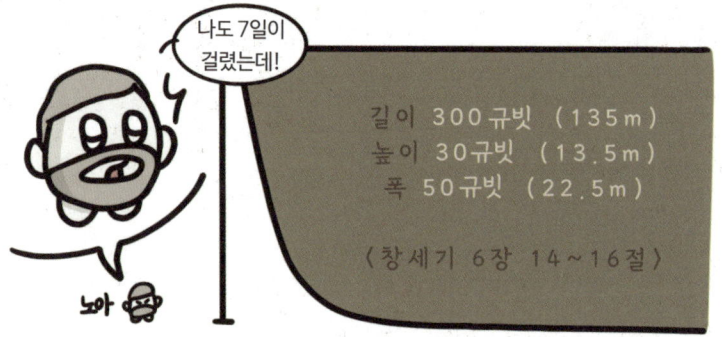

그리고 자신의 가족, 도와준 기술자, 여러 동식물을 태워 엔키의 지시대로 유프라테스강에 배를 띄웠다.

시파르로 모인 신들이 기르에 탔고,
그 폭발을 본 지우수드라가 배에 타 문을 잠궜다.

기원전 11,000년 사자자리의 시대와 대홍수가 시작됐다.

이때 어떤 신이 지우수드라의 배 안에 들어왔는데
바로 엔키의 총명한 아들 닌기시다였다.

기르에 피신한 신들은 지구 궤도를 돌며
죽어가는 인간들을 지켜봤다.

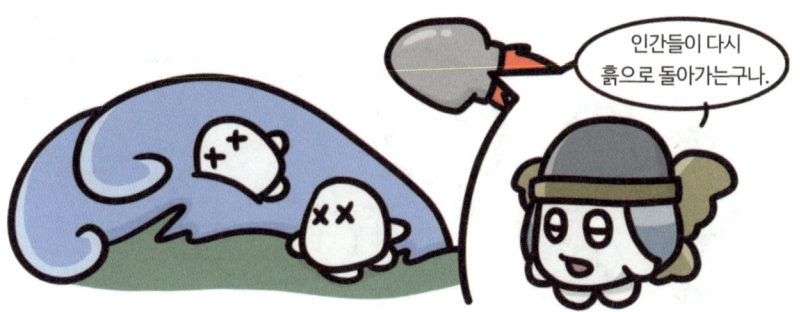

인간들의 어머니 닌마는 통곡했다.
인안나를 포함한 다른 신들도 눈물을 흘리며 슬퍼했다.

구름이 걷힌 뒤, 배가 산봉우리에 걸려
지우수드라가 새들을 날려 보냈는데 다시 돌아왔다.

세 번째로 까마귀를 날려 보냈는데 돌아오지 않았다.
대홍수가 끝난 것이다.

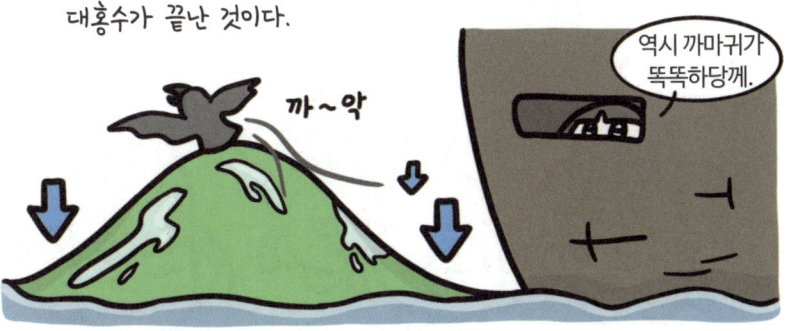

지우수드라는 아라라트 봉우리에 걸린 배에서 내려
바로 신을 위한 음식을 바쳤다.

음식의 냄새를 맡은 신들이 지우수드라의 곁에 모여들었다.
그들은 대홍수로 인해 배고픈 상태였다.

살아남은 인간을 본 엔릴이 누구의 짓인지 물으니
닌우르타가 엔키를 지목했다.

엔키는 부정했고, 오히려 인간의 지혜가 뛰어나다며 칭찬했다.
다른 신들은 살아남은 인간을 보고 기뻐했다.

엔키가 인간들의 도움 없이는 지구에서 살아갈 수 없다며
신들을 설득해 인간의 운명에 대한 회의가 열렸다.

엔릴은 지우수드라 부부에게 다가와
세 번째 인류의 조상이 되라며 그들을 축복했다.

하나님이 노아와
그 아들들에게 복을 주시며
그들에게 이르시되 생육하고
번성하여 땅에 충만하라.

〈창세기 9장 1절〉

그러고는 지우수드라가 '틸문'에 거주하며 영생을 누리도록 하였다.
나머지 인간들은 수메르에 남게 되었다.

닌마는 절대 인간을 잊지 않겠다며 인간들과 약속했다.

고대 그리스 학자들의 증언과 수메르 왕들이 기록한
대홍수 이전의 120샤르는 신들이 지구에 내려온 때였다.

역사학의 아버지 '헤로도토스'

"대홍수 전 10명의 왕들이 120샤르를 다스렸다네"

역사 안에서 지구의 대홍수는
기원전 11,000년으로 추정됨
(대홍수 전의 120샤르) + (대홍수의 날)
= 432,000 + 11,000 = 기원전 443,000년
=> 아눈나키가 지구로 내려온 시기로 추정할 수 있음

창세기 6장 3절의 '120년'은
혹시 대홍수 이전의 시대를 말하고자 했던 게 아닐까?

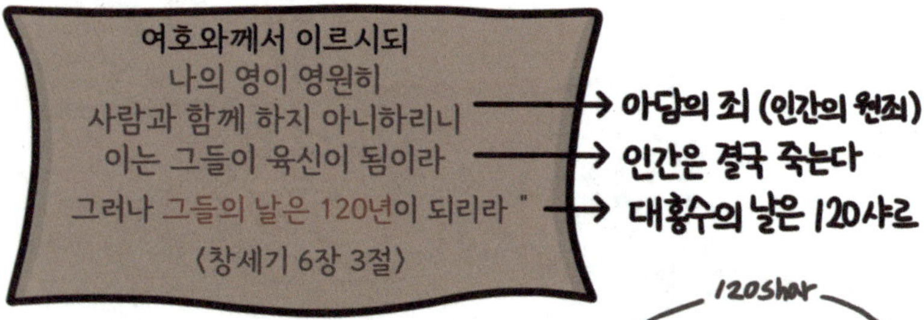

여호와께서 이르시되
나의 영이 영원히
사람과 함께 하지 아니하리니 → 아담의 죄 (인간의 원죄)
이는 그들이 육신이 됨이라 → 인간은 결국 죽는다
그러나 그들의 날은 120년이 되리라 → 대홍수의 날은 120샤르
〈창세기 6장 3절〉

```
        120shar
 ○―――――――――――○
신들의 도착      대홍수
 0shar         120shar
```

대홍수로 사라진 동식물은
다행히도 배에 종자가 보관되어 있었다.

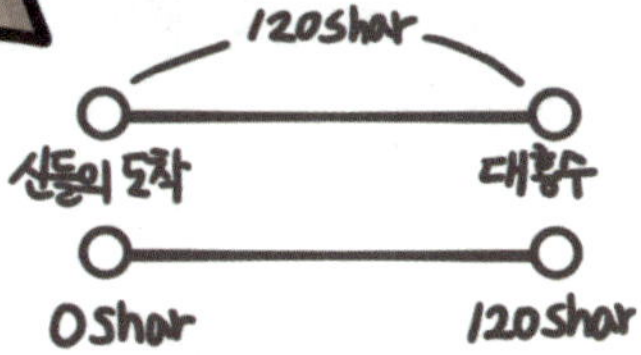

"이미 종자를 정리해뒀죠"

"역시 아들!"

최초의 농경이 평야가 아니고 고원인 것은
세 번째 인류가 아라라트산에서 시작되었기 때문이다.

가장 중요한 곡식 '보리'의 표본을 아누가 엔릴에게 전해주어
엔릴은 그것을 심을 장소를 물색했다.

엔릴은 향삼나무 산으로 가서 보리를 심었고,
아무나 출입할 수 없게 큰 벽을 세워 새로운 도시를 만들었다.

향삼나무 '백향목'은 성경에서도 중요한 나무다.
그 나무의 고향은 '레바논'이었다.

레바논에는 '바알베크'로 불리는 거대한 도시 유적이 있는데,
그 도시는 로마시대 이전부터 존재했다.

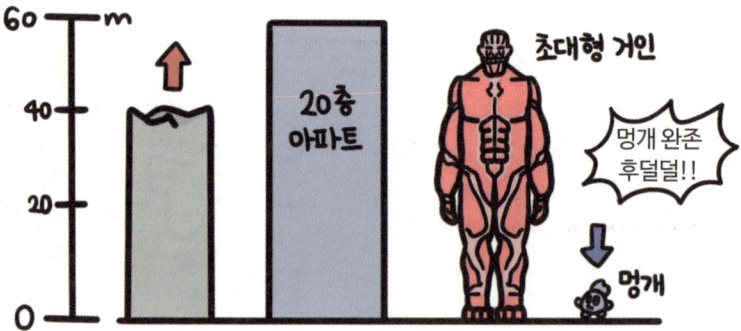

바알베크의 기둥과 벽은 40m 이상으로 추정된다.
엔릴이 향삼나무 산에 큰 벽을 세운 도시가 바로 바알베크인가?

엔릴은 수메르의 북서쪽을 이쉬쿠르에게, 남동쪽을 인안나에게,
그 사이의 지역은 난나와 닌우르타에게 할당했다.

그리고 새로운 우주공항을 틸문에 두고 우투에게 맡겼다.
그곳은 엔릴과 엔키의 중립 지역으로, 닌마가 거주하기로 했다.

틸문은 '신들의 낙원'이라 불리는 신들의 땅으로,
허락된 인간만 들어올 수 있었다.

이집트에서 '프타'라고 불려지던 엔키는
자신의 여섯 아들에게 아프리카 땅을 나누어 할당했다.

이집트를 다스리던 '라'(마르둑)는 대홍수를 계기로
아들들에게 땅을 주었다.

상이집트는 세트, 하이집트는 오시리스가 다스렸는데 세트가 오시리스를 죽이고 사지를 절단해 이집트 전체를 차지했다.

그로부터 363년이 지나.. 오시리스의 아들 호루스가 다른 신의
도움을 받아 세트에게 복수하는데, 그게 첫 번째 피라미드 전쟁이었다.

둘은 시나이반도에서 전투했고, 호루스가 끝내 승리했다.
고환을 잃은 세트는 동쪽으로 도망쳤다.

세트가 가나안과 시나이반도를 장악하자 신들이 분노했다.
왜냐하면 시나이는 중립 지역이고,
가나안은 엔킬 가문의 땅이었기 때문.

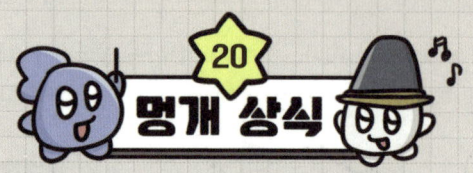

세 명의 신이 숭배되는 바알베크

▲ 바알베크의 바쿠스 신전

레바논 베카 계곡에 있는 해발 1,170m의 도시 바알베크는 장엄한 신전의 유적으로, 세계유산에 등록되어 있다. 고대에 바알베크는 세 명의 신을 숭배하는 도시였는데, 바알Baal은 '신'을 의미하며, 어떨 때는 메소포타미아의 신 하다드Hadad라고도 불리었다.

세 명의 신은 폭풍의 신, 전쟁의 여신, 태양신으로 이루어졌는데, 기원전 64년 로마가 들어오면서 기존에 있던 건축물을 재건하거나 신전을 추가로 건설해 주피터(폭풍신), 비너스(사랑의 여신), 머큐리(전령신)를 섬겼다. 로마 시대에는 바알베크가 아닌 헬리오폴리스로 불렸는데, 그리스 신화의 태양신 이름을 딴 것이었다. 4세기에는 로마의 국교가 기독교가 되며 신전은 더 건설되지 않았고, 7세기에 이슬람군이 들어오면서 모스크를 건설하고 전쟁의 요새로도 쓰였다. 레바논 내전으로 신전 일부가 파괴되기도 했다. 현재도 이슬람교의 성지로 이용되며, 기존 이름인 바알베크로 불리고 있다.

바알베크의 풀리지 않는 의문점은 로마가 그곳을 발견하기 전부터 800톤에 달하는 24개의 돌기둥이 있었다는 것이다. 가공되어 있으면서 가장 무거운 기둥은 1,200톤까지 나간다. 현대에도 옮기기 어려운 무게의 돌을 과연 누가 옮긴 것일까?

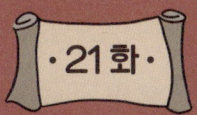

이집트 대피라미드의 비밀

대홍수로 인해 틸문에 새로운 우주공항이 세워지면서
아라라트산과 같은 새로운 비행 안내점이 필요했다.

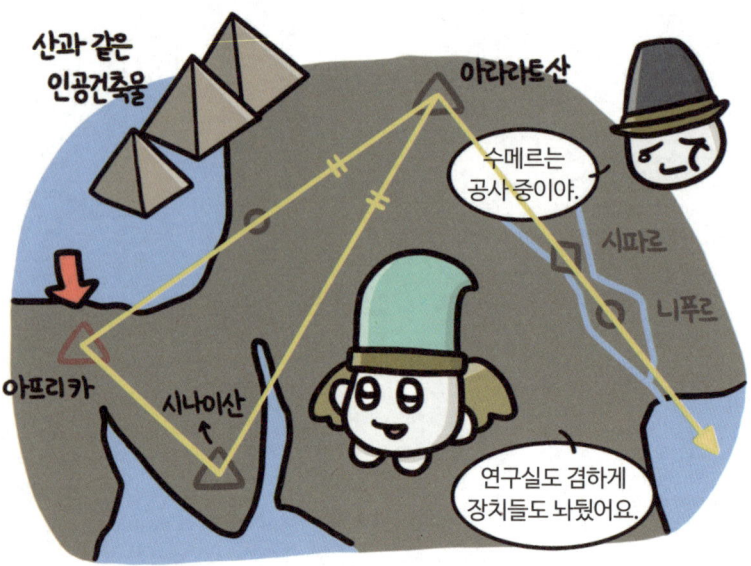

아라라트 봉우리에서 일직선으로 지나가는 지점에
닌기시다가 3개의 인공건축물을 세웠다.

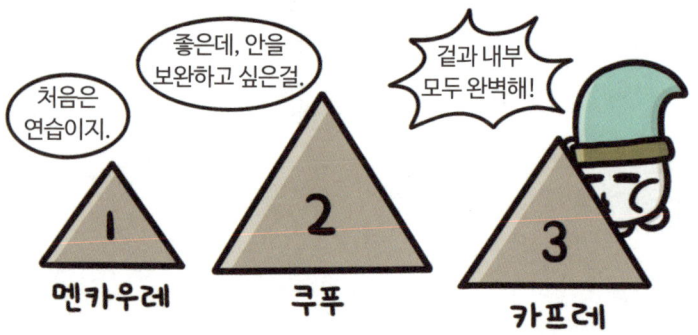

닌기시다가 처음 만든 건축물은 너무 작아서
두 번째에 더 큰 것을 세웠고, 세 번째에 가장 완벽한 것을 세웠다.

인공건축물은 바로 기자의 세 피라미드이다.
몇천 년 전에 세워졌다는 게 믿을 수 없을 정도로 거대하고 정교하다.

감탄한 엔키가 아들의 공을 기리기 위해 대홍수를 의미하는
사자의 몸과 닌기시다의 얼굴을 한 조각상을 세웠다.

피라미드는 파라오의 무덤으로 알려졌지만,
사실 3개의 기자 피라미드에서는 미라가 발견된 적이 없다.

닌우르타의 군대가 가나안과 시나이반도의 엔키 가문을
몰아붙이자 모두 '대피라미드'의 안으로 도망쳤다.

밖으로 도망치려는 호루스가 공격당해
눈을 실명하는 사건이 일어나자 닌마는 전쟁을 끝내기로 결심했다.

최고신 아버지 아누의 핑계를 대며
닌마는 엔릴과 엔키에게 전쟁을 멈추자고 제안했다.

엔키 가문이 대피라미드에서 나와 닌마, 엔릴 가문과 틸문에서 회의를 열었다.

평화협정을 위해 엔키가 먼저 제안했다.
1. 에리두를 가장 먼저 재건해줄 것
2. 엔키의 아들들이 수메르를 자유롭게 출입하게 해줄 것

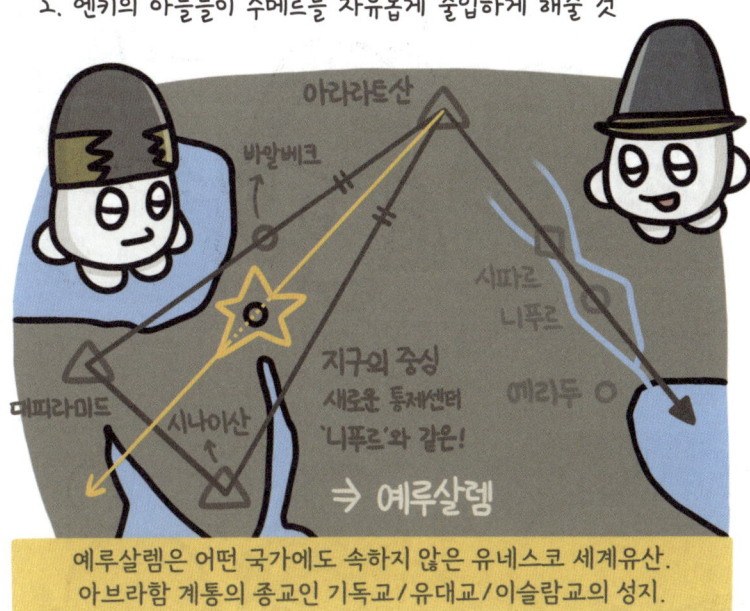

예루살렘은 어떤 국가에도 속하지 않은 유네스코 세계유산. 아브라함 계통의 종교인 기독교/유대교/이슬람교의 성지.

엔릴의 요구는...
1. 중립 지역이던 우주공항 틸문을 엔릴 가문의 땅으로 줄 것
2. 가나안에 '지구의 중심'을 세우고 통제권을 가지는 것

마지막으로 대피라미드를 전쟁의 방패로 사용하지 않기 위해
닌기시다가 이집트를 통치하고 닌마가 대피라미드의 주인이 되었다.

한편, 엔키네가 떠나 비어 있는 대피라미드를 수색하던
닌우르타는 그곳의 모든 장치를 부수고 좋은 것을 가져갔다.

엔릴은 자식들에게 땅을 다시금 할당했다.
아다드에게는 임시 도시였던 바알베크를 추가로 주었다.

* 이제부터 이쉬쿠르의 다른 이름인 '아다드' 명칭을 씁니다.

가나안 땅은 장자 난나에게 모두 주었고,
왕위계승권을 가진 닌우르타에게 재건 중인 수메르를 맡겼다.

엔릴은 가장 중요한 우주공항인 틸문을 두고
난나와 닌우르타 중 누구에게 맡겨야 할지 고민했다.

엔릴이 갈등한다는 소식에
닌마가 엔릴의 처소 밖에서 오라비를 부르며 소리쳤다.

엔릴은 닌마를 임신시킨 그 '오라비'가 도대체 누구냐며 화를 냈다.

닌마의 행동은 난나가 틸문을 갖게 하는 결과를 낳았고, 난나는 시나이반도의 주인으로 자신의 이름을 남겼다.

*이제부터 난나의 다른 이름인 씬(Sin) 명칭을 쓸 것

대홍수 이전의 니푸르와 같은, 지구의 중심 '예루살렘'은 우투가 맡아 관리하기로 했다.

기원전 7,400년경 니비루가 다시 근일점으로 돌아오면서
지구에 사는 인간들의 진보를 앞당겼다.

기원전 3,800년경 도시 에리두가 가장 먼저 재건됐고,
학자들은 그때가 수메르 문명의 시초라 생각했다.

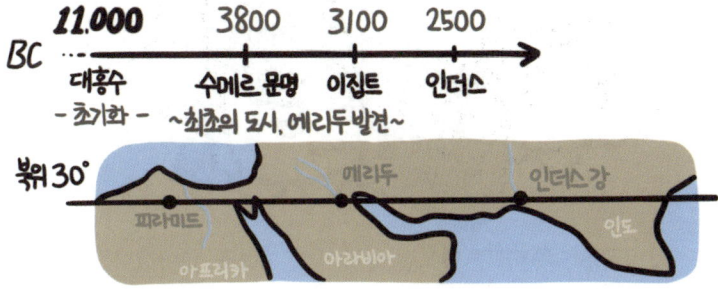

100가지 이상의 '메'를 가진 지혜의 신 엔키 덕분에
에리두는 모든 도시 중에서 가장 빠르게 번성했다.

엔릴은 왕도를 정해 다른 도시에도 권력을 분배하고자 했다.
그래서 엔키의 도움을 받아 도시 키쉬로 왕도를 옮겼다.

엔릴에 의해 니푸르의 책력이 만들어졌다.
'기원전 3,760년'이 수메르의 0년이었다.

시간이 지나 수메르의 왕도는 씬의 도시 '우르'로 넘어갔다.
같은 시기에 마르둑의 도시 바빌론이 세워졌다.

마르둑은 백성들을 선동해 바벨탑을 쌓게 만들고 엔릴을 향해 쿠데타를 일으키게 했다.

그러자 엔릴이 인간들의 소통을 엉망이 되게 하여 바벨탑을 완성하지 못하게 했다.

그 벌로 마르둑은 대피라미드 지하에 있는 미궁에 수감됐다.

"... 대피라미드 지하에 미궁이 있는데, 두 개의 층이며 위아래로 6,000개의 방이 있었다.. 피라미드를 능가할 규모였다..."

- 헤로도토스의 책 《역사》 중에서

이후 마르둑은 풀려나 이집트 헬리오폴리스에 머물렀는데,
인안나가 자주 엔키의 땅에 들락날락하는 것에 불만을 품었다.

두무지와 인안나는 사이좋은 신혼이었지만 후사가 없었다.
그래서 둘은 나쁜 계획을 세웠다.

두무지의 여동생인 게쉬틴안나가 자신을 거절하자
두무지는 그녀를 겁탈했다. 죄의식은 전혀 없었다.

그런데 갑자기 악마들이 나타나 두무지를 공격했고,
우투가 도왔지만 결국 사망에 이른다.

마르둑이 죽은 두무지를 데려가려 하니 인안나가 그를 공격했다.
둘은 기자 피라미드 상공에서 전투를 벌였다.

불리해진 마르둑이 대피라미드 안으로 숨어
인안나가 피라미드에 공격을 하려 하니 아누가 막았다.

역사의 아버지, 헤로도토스

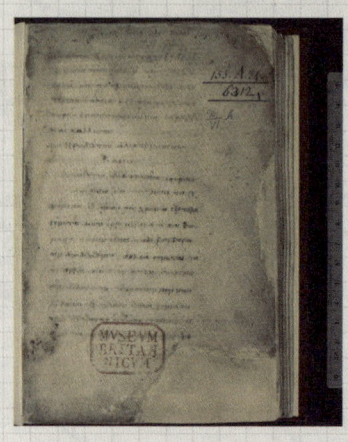

▲ 헤로도토스의 저서 《역사》 첫 번째 책

고대 그리스의 역사가 헤로도토스는 기원전 4세기경에 태어나 최초로 '역사'를 기록한 사람으로 알려져 있다. 헤로도토스의 저서 《Historiae(역사)》는 총 9권의 산문 형식으로 이루어져 있으며 마지막 권은 완성되지 못했다.

그는 세계 전역을 여행하며 자신이 본 것과 들은 것을 기록했는데, 그 기록이 고대 유물의 발견과 일치하는 부분이 많아 헤로도토스의 저서는 정확성을 인정받고 있다. 자신의 국적인 그리스 아테네에 대해서도 비판하는 내용을 담은 것을 보면 그는 객관적인 판단력을 가진 것으로 추측된다.

헤로도토스의 목적은 당시의 사건들과 그리스와 페르시아 전쟁의 원인, 전쟁이 끼친 영향을 기록하는 것이었다. 그는 이집트 남부와 메소포타미아까지 여러 지역을 여행하며 각 지역의 관습과 문화를 직접 보고 기록했다. 기록할 정보가 없으면 주민들에게서 들은 말을 기록했다. 그래서 '아프리카 사람들은 햇빛을 많이 받아 머리뼈가 두껍다'와 같은 황당한 내용도 담겨 있다.

직접 목격한 것이 아닌 것도 기록됐기 때문에 헤로도토스 본인조차 자신의 글이 정확하지 않을 수 있다고 말했다. 하지만 훼손된 고고학 자료들의 빈틈을 헤로도토스의 기록 덕분에 메꿀 수 있었다.

그 많던 신들은 어디로 갔나?

두무지의 죽음에 미쳐버린 인안나가 마르둑을 범인으로 지목하며
대피라미드 안에 산 채로 묻어달라고 요구했다.

마르둑이 숨은 방은 입구가 완전히 봉쇄됐다.
물과 식량, 어떤 장치도 없었고.. 오직 숨만 쉴 수 있었다.

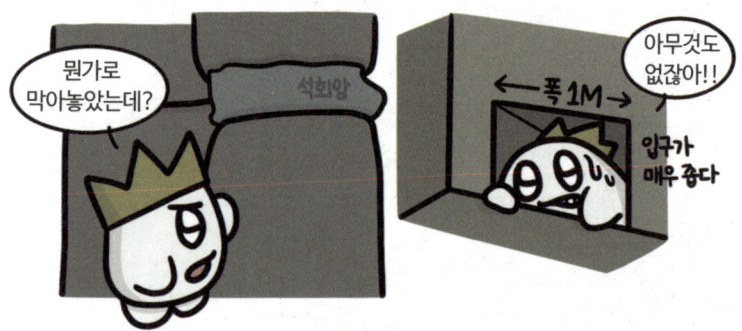

9세기에 이집트 통치자 알 마문이 석회암으로 막힌 통로를 뚫고
올라갔지만 '왕의 방'에는 빈 관 이외에 아무것도 없었다고 한다.

마르둑의 아내 사르파니트가 신들에게 애원했지만 불가능한 일이었다.

엔릴의 시종 누스쿠가 위쪽에 구멍을 내라 조언했고,
아들 나부가 마르둑을 탈출시켰다.

네르갈의 압주에서 치뤄지는 장례식에
인안나가 남편을 추모하러 갔는데 전혀 환영받지 못했다.

인안나가 여왕의 궁전으로 가는 7개의 문을 지나며
7개의 '메'를 버렸음에도 에레쉬키갈은 그녀의 본심을 눈치챘다.

여왕과 '여왕의 자리를 노리는' 인안나가 크게 다투어
에레쉬키갈의 시종들이 인안나를 죽이고 말뚝에 옷을 박아 매달았다.

그때 아무도 돕지 않던 인안나에게 엔키가 생명의 물을 먹였다.
인안나는 사흘 만에 살아나 수메르로 돌아갔다.

기원전 2,900년경 인안나의 도시 우루크로 왕도가 옮겨지고,
인안나의 남동쪽 영역에서 인더스 문명이 시작됐다.

인안나는 여러 곳을 돌아다니며 힘을 쌓았고,
인간 사르곤과 사랑에 빠져 그가 아카드 제국을 세우게 했다.

사르곤이 점령하려는 도시가 바빌론까지 이어져
경계하던 마르둑을 동생 네르갈이 압주로 이끌었다.

엔키의 차남 네르갈은 인안나와 암묵적 동맹이었다.

마르둑이 바빌론을 비운 사이 네르갈은 금지된 지하실에 들어갔다.
그러자 바빌론의 모든 빛과 물이 사라지고 사람도 죽어갔다.

아카드의 다음 왕 나람신은 인안나를 최고신으로 섬기면서
그녀의 지시에 따라 가나안 남부와 틸문을 점령했다.

신들의 규칙을 어긴 인안나에게 체포 명령이 떨어졌고,
아카드 제국은 신들의 손에 멸망했다.

다시 평화를 찾은 수메르.. 나이가 든 엔릴 대신
난나가 수메르 통제권을 갖고, 수도는 다시 우르가 되었다.

〈왕도〉 에리두 → 키쉬 → 우르 → 우루크 → 우르

닌우르타는 라가쉬의 왕 구데아에게 지구라트 설계도를 주었다.

엔릴의 도시 니푸르에는 사제 테라가 있었고,
아들의 이름은 '아브라함'이었다.

테라가 가족과 함께 수도 우르로 이주했는데,
비슷한 시기에 우르의 왕이 죽는 사건이 일어났다.

우르남무를 사랑하던 우르 사람들이 신을 원망했고,
인간의 오만함에 분노한 장로신들이 우르를 패망시켰다.

데라 가족은 우르를 떠나 엔릴이 약속한 땅 가나안으로 향했다.

가나안을 향하던 중 머물렀던 하란에서 데라는 생을 마쳤다.
그의 아들 아브라함이 신의 명을 따랐다.

같은 시기 마르둑의 아들 나부가 곳곳에서
마르둑을 지지하는 세력을 모으더니 아프리카 전체를 점령했다.

아시아로 가는 유일한 통로인 틸문에서 마르둑의 군대와
난나의 군대가 충돌했는데, 결과는 마르둑 군대의 승리였다.

마르둑의 군대가 시나이반도와 가나안을 정복하고
남쪽으로 수메르를 몰아붙이려 했다.

아브라함은 이집트로 가서 세력을 키운 다음,
약속의 땅을 되찾기 위해 가나안으로 출발했다.

마르둑 군대는 남진해 그의 도시 바빌론을 되찾았다.
신들에게 분배된 대부분의 땅이 마르둑에게 쥐어졌다.

마르둑은 지구의 왕이 되기 위해 지구 여성과 결혼했고,
인간들을 자신의 편으로 끌어들였다.

마르둑 군대가 지키던 틸문에서
가나안으로 향하는 아브라함과 나부가 마주했다.

마르둑의 귀환을 질투하던 네르갈이 니푸르를 파괴하고
엔릴에게 가서 마르둑의 소행이라고 고발했다.

틈만 나면 차남 네르갈은 마르둑에 대한 불만을 토로했다.
이에 질린 엔키는 차남 네르갈을 쫓아냈다.

수메르의 서쪽 지역은 마르둑을 주신으로 숭배하기 시작했다.
가나안 민족의 일부와 마르둑의 아들 나부가 틸문을 공격할 준비를 했다.

네르갈은 절대 허용될 수 없는 무기를 준비하고 있었다.
눈치챈 기빌이 그 사실을 마르둑에게 전했다.

'위험한 무기' 사용 여부에 대해 신들이 논의했지만
의견이 갈려 아누의 결정을 따라야 했다.

마르둑이 아버지 엔키에게 가서 조언을 구하자
엔키는 '지하'로 가라고 강조했다.

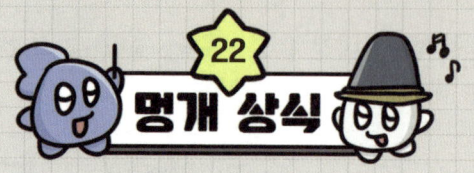

대피라미드의 내부

▲ 대피라미드 왕의 방 내부

이집트 기자의 세 피라미드 중 가장 큰 대피라미드는 쿠푸왕의 피라미드라고도 불린다. 146m 높이의 거대하고 정교한 건축물로, 건설 시기가 밝혀지지 않은 세계 7대 불가사의 중 하나다.

대피라미드 내부에는 세 개의 방이 있다고 알려져 있었다. 먼저 피라미드 지면 27m 아래에 4m 높이의 지하 공간이 있다. 입구 끝에는 파다 만 흔적이 있어 미완성 상태로 보고 있다. 두 번째로 높은 '왕비의 방'은 돌로 만들어졌는데, 아무것도 없었고 방의 용도도 알 수 없다. 가장 높은 '왕의 방'은 아주 좁은 대회랑으로 올라갈 수 있으며, 왕비의 방처럼 돌로 만들어져 있다. 돌로 된 관이 있지만, 그 외에는 아무것도 없다. '왕의 방'과 '왕비의 방'은 임의로 지어진 명칭이다.

그런데 2016년 대피라미드 연구팀이 강한 투과력을 가진 뮤온 탐지 기법으로 피라미드 북쪽 사면에 21m 정도 높이의 새로운 공간을 발견했다. 그리고 2017년 같은 연구팀이 왕의 방으로 가는 대회랑 위에 최소 길이 30m의 빈 공간을 발견했다. 이로써 대피라미드 내부에는 다섯 개의 공간이 있음이 확인됐으며, 알려지지 않은 공간이 있을 가능성이 높은 것으로 보인다.

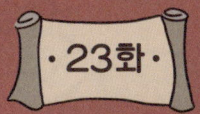

사라진 수메르의 역사

무기 사용을 반대했던 닌우르타가 네르갈에게 갔다.

네르갈이 마르둑의 땅에 '그것'을 사용하려 하자 닌우르타가 막았다.

네르갈이 닌우르타에게 계획을 말하니
닌우르타는 수메르를 제외하자며 동참했다.

기원전 2000년경 네르갈이 가나안에 '위험한 무기'를 떨어뜨리자 폭발이 일어나며 가나안이 한순간에 파괴됐다.

닌우르타도 틸문에 '그것'을 떨어뜨려 가나안처럼 되게 했고, 시나이 반도에 지워지지 않을 큰 상처를 남겼다.

모든 게 재가 되었다.
가나안 피해 지역의 호수는 '죽음의 호수'가 되었다.

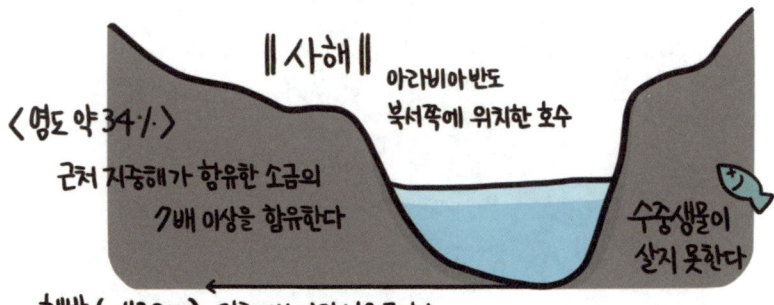

폭발의 잔해인 끔찍한 방사능이
편서풍에 의해 옮겨졌는데, 그 방향은 수메르였다.

폭발로 인해 하늘이 어두워지니
엔키가 마르둑을 북쪽으로 피신시켰다.

먹거나 마실 생각도 하지 말고, 절대 뒤돌아 보면 안 된다고 했다.

엔키는 생명력 없는 에리두를 바라보며
추종자들과 함께 이리저리 떠도는 생활을 했다.

인안나는 방사능을 피해 잠수함으로 도망치다가
우루크에 두고 온 재산이 떠올라 한탄했다.

수메르 도시는 같은 모습이었지만, 모든 생명은 사라졌다.
인간 최초의 문명을 꽃피웠던 장본인들은 더 이상 없었다.

수메르 문명에 관한 평가에 공통점이 있다.
'수메르 민족은 갑자기 나타나서 갑자기 사라졌다.'

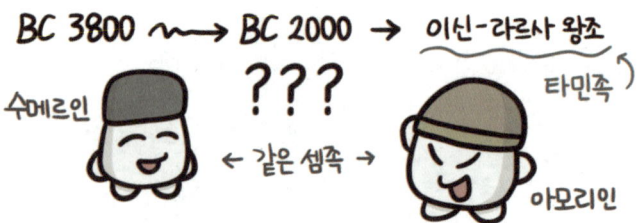

가나안과 틸문의 폭발 후 7년이 지나자
엔릴은 도시 마리의 지배자를 데려와 우르를 다스리게 했다.

하지만 우르는 전처럼 힘을 쓰지 못했고,
아모리인들이 수메르에 정착하며 이신-라르사 왕조를 세웠다.

수메르로 온 타지인들이 아카드 제국 언어를 사용하여
이때부터 아카드어가 주를 이루기 시작했다.

그리고 여러 작은 도시가 생겨났다.
가뭄이 오자 도시들이 강을 차지하려 끊임없이 싸웠다.

가나안에는 수메르의 피가 흐르는 아눈나키 자손들이 살았다.
아브라함의 손자 야곱은 가뭄을 피해 이집트로 갔다.

BC 1894년에 아모리 출신 사람들이 도시들을 통합해 바빌로니아 대제국을 세웠고, 마르둑을 주신으로 섬겼다.

이전 수메르의 도시 우르와 니푸르는 멸망한 지 오래였다. 기원전 1595년에는 히타이트에 의해 바빌로니아가 멸망했다.

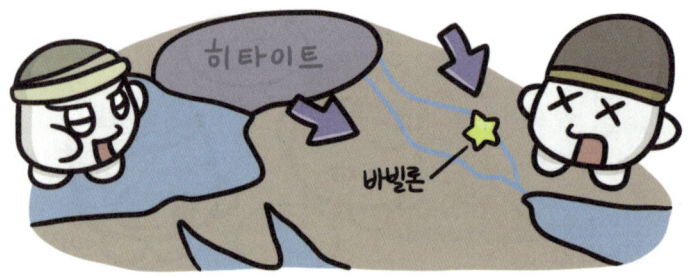

BC 10세기 앗수르를 주신으로 하는 아시리아 제국이 떠올랐다. 아브라함의 후손들은 히브리인이라 불리며 이스라엘 왕국을 세웠다.

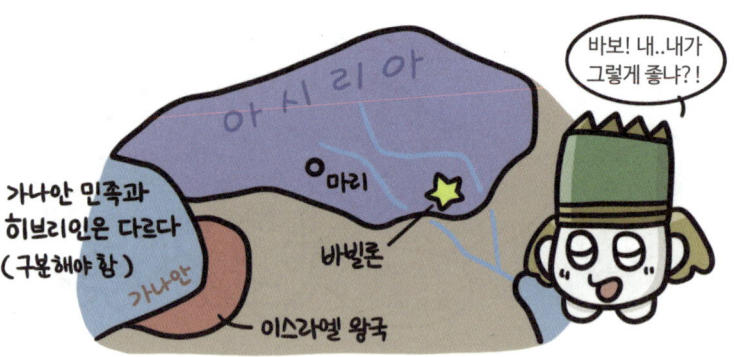

이스라엘 왕국은 다윗과 솔로몬 때 전성기를 이루다
BC 9세기 솔로몬이 사망하자마자 북이스라엘과 남유다로 분열됐다.

기원전 9세기부터 7세기까지 바빌론을 사이에 두고 전쟁과 파괴가 계속됐다. 고대 도시 바빌론은 그들에게 큰 상징이었다.

기원전 5세기가 시작되고, 신바빌로니아의 느부갓네살 2세가 예루살렘을 침공하여 1만 명을 바빌론의 노예로 데려갔다.

얼마 안 가서 페르시아의 키루스왕이 신바빌로니아를 정복하고,
노예였던 히브리인들을 예루살렘으로 돌려보내주었다.

그런데 BC 6세기경으로 추정되는 시기에
아시리아 점토판에서 붉은색이 하늘을 덮었다는 기록이 발견됐다.

하늘이 붉은색으로 덮인 때에 대부분의 아눈나키가 지구를 떠났고,
소수의 신들이 남아 있었다.

학자들은 붉은 천체현상이 오로라일 것이라 추측하지만,
혹시 그들의 고향 니비루라면? 그래서 신들이 대거 떠났던 걸까?

BC 330년 바빌론이 알렉산더 대왕의 군대에 의해 파괴됐다.
알렉산더는 마르둑 신전을 재건하는 도중 사망했다.

알렉산더는 제우스의 아들이라 자칭하며 영생을 쫓기도 했다.
결국 알렉산더가 죽으며 지구에 남은 신의 혈통은 끝났다.

BC 160년경 히브리인들이 예루살렘 탈환 혁명을 일으켰다.
이 시기는 니푸르 달력의 3,600년이자 물고기자리 시대의 시작 때였다.

로마 시대에 들어서고 수메르는 완전히 잊혀졌다.
기원전 60년경 로마가 예루살렘과 바알베크를 점령했다.

신은 더 이상 인간사에 관여하지 않았다.

BC 4~7년 시기에 '기원전과 서력기원'의 주인공 예수가 탄생했다.

예수는 서기 30년에 신성모독죄로 사망했는데 성경에 의하면 그는 부활하여 제자들에게 가르침을 준 뒤 승천했다.

예수의 부활을 목격한 이들의 증언이 없었다면..
기독교가 세계에서 가장 많은 신자들을 가질 수 있었을까?

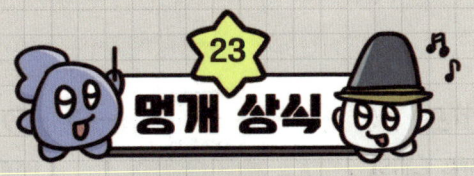

기독교의 창시자

구약에서 예언된 메시아 예수는 기원전 4년에서 2년경, 베들레헴에서 탄생했다. 천사 가브리엘은 마리아에게 하느님의 아들 예수를 낳을 것임을 예고했고, 그녀의 약혼자이자 다윗의 후손 요셉의 꿈에 나타나 예수가 신의 아들임을 알게 하였다.

어린 시절의 예수는 나사렛에서 아버지 요셉의 목수 일을 도왔고, 열두 살 때 예루살렘에서 부모님과 헤어졌다. 이후 20년간 예수의 삶은 공백이었다. 30세의 예수는 요단강에서 세례를 받은 후 40일의 기도를 올렸고, '은총의 해'를 선언하며 하느님을 전파했다. 예수는 인간의 병을 고쳐주고 고통을 함께 나누며 믿음을 일깨웠다.

종교 지도자들은 예수를 제거하려 했고, 예수는 자신의 제자 유다의 배신을 이미 알고 있었다. 죽음을 앞둔 예수는 제자들과 만찬을 나누며 제자들의 발을 씻겨 주었다. 유다가 예수를 넘겼고, 제자들은 무서워 예수의 곁을 떠났다. 그는 홀로 재판장에 섰다. 예수는 십자가형을 받았고, 메시아라고 믿던 인간들은 오히려 죽이라 외쳤다. 그는 고문을 받으면서도 인간들을 동정하고 기도했다. 예수는 서력기원 33년경 사망했다.

예수가 죽은 후 그를 따르던 여인들이 슬퍼하며 곁을 지켰는데, 며칠 후 시신이 사라져 여인들은 부활을 먼저 알게 되었다. '예수의 부활'은 기독교가 창시된 계기나 마찬가지였다. 예수가 제자들에게 와서 자신의 육체를 만지게 해 부활을 깨닫게 만들었고, 인간을 심판하는 최후의 날에 다시 올 것을 예언하며 승천했다. 제자들은 다시 뭉쳐 예수의 부활을 사람들에게 전했다.

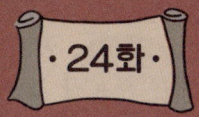

24화

신들의 재림, 축복 혹은 종말

수메르 문서에 기록된 600명의 아눈나키는
잊혀진 수메르 문명, 수메르인들과 함께 어디로 사라진 걸까?

BC 11,000년경의 대홍수, 시리아 고원에서 시작된 농경,
BC 4,000년경에 시작된 최초의 문명 수메르는 역사적인 사실이다.

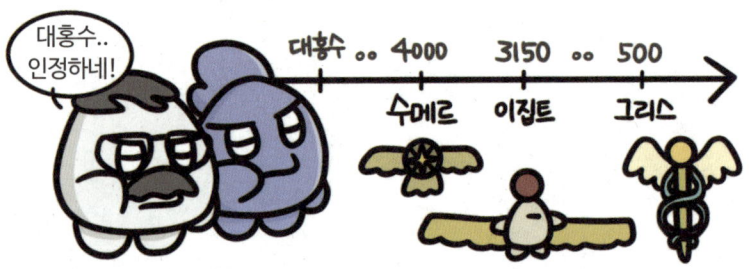

구약의 기록 연대보다 수메르의 역사가
훨씬 이전부터 시작되었다는 것도 역사적인 '사실'이다.

구약의 많은 이야기가 근동의 설화를 가져왔다.

하지만 구약을 거짓이라고 보지 않는다.
세계 절반 이상이 믿는 신은 그만큼 근거가 있다고 본다.

수메르 신화의 관점으로 해석한다면, 창세기에서 아브라함을 가나안으로 이끌었던 신은 아눈나키 중 하나일 것이다.

영적인 존재는 증명할 수 없는데, 정말 신은 실재하는가?
공통점은 그들이 인간을 창조하고 이끌었다는 것이다.

조물주 존재의 가능성을 열어둔다면
신은 우주에서 온 지적생명체일 수 있다.

수메르와 이집트의 그림들을 살펴보면 신은 인간보다 훨씬 크다.
66% 신인 길가메시의 석상도 사자를 옆구리에 끼고 있다.

세계에서 발견되는 거인 유골들의 공통점이 있는데
바로 손가락과 발가락이 6개라는 점이다.

성경의 거인 '네필림'은 천사와 인간 사이의 자식이며
수메르에서 그들은 반신반인이다.

..그 백성은 우리보다 장대하며
그 성읍들은 크고 성곽은 하늘에 닿았으며
..거기서 아낙 자손을 보았노라 하는도다..
크고 많은 백성은 네가 아는 아낙 자손이라
..누가 아낙 자손을 능히 당하리요..

(신명기 1장 28절 / 9장 2절)

아낙은 아나킴(Anakim)으로 수메르 아눈나키(Anunnaki)의 변형이다.
아낙과 네필림은 거인인데, 그중 네필림은 잡종이라는 것!

성경과 유골이 거인의 존재를 증명해주지만,
진화론적 관점에서 본다면 지구에 거인이 존재해서는 안 된다.

진화론에서 거인이 존재하면 안 된다는 얘기는
그들이 외계에서 온 자들이라는 의미가 될 수 있다.

그러면 신들은 거대한 인간형 외계인이었으며,
지구를 식민지로 만들기 위해 인간이라는 노예를 창조한 것이다.

신의 피를 섞어 인간을 창조한 것이기에
창세기 인간들의 수명이 긴 것도 신의 영향일 것이다.

신들이 우리를 버린 이유는
더 이상 인간을 통제할 수 없어서가 아닐까?

그들은 우리에게 성경이라는 힌트를 남기고
다시 인간들 곁으로 돌아올 것을 약속한 것이다.

수메르 문명이 발견되기도 전에 성경은 이미 그 문명을 알고 있었다!

수메르 신들의 고향 행성을 상징하는 것은
날개가 달린 원반이기도 했지만, 점차 발전하여 십자가로도 표현했다.

기독교도 십자가를 상징으로 한다.
십자가가 될 형상을 예고한 것은 아닐까?

니비루라는 가상의 행성은 인기 있는 음모론이며
천문학자들이 예측하는 행성X와 자주 비교되거나 동일시된다.

니비루가 정말 태양계에 속한 행성이라면,
우주의 규칙에 따라 다시 만나게 될 것이며 3000년 이후로 예측된다.

그런데 만일 그 행성이 우리가 상상조차 못할 인공행성이라면
자연적인 공전주기로 예측할 수 없을 것이다.

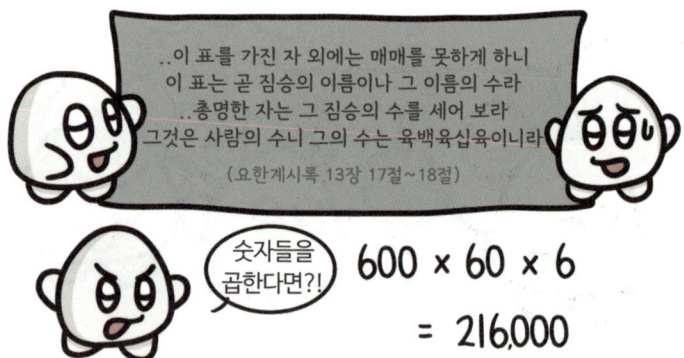

신들의 재림을 예측하는 방법 중 하나는
사탄으로 여겨지는 불길한 숫자 666에 주목하는 것!

..이 표를 가진 자 외에는 매매를 못하게 하니
이 표는 곧 짐승의 이름이나 그 이름의 수라
..총명한 자는 그 짐승의 수를 세어 보라
그것은 사람의 수니 그의 수는 육백육십육이니라
(요한계시록 13장 17절~18절)

숫자들을 곱한다면?! $600 \times 60 \times 6$

$= 216,000$

'2160'년은 춘분점의 별자리 하나가 이동하는 기간이다.
별자리 시대가 신들의 시계로 작동하는 것일까?

'3600'은 수메르에서 신을 의미하는 숫자인데
니푸르 달력의 3600년이 물고기자리 시대의 시작이었다.

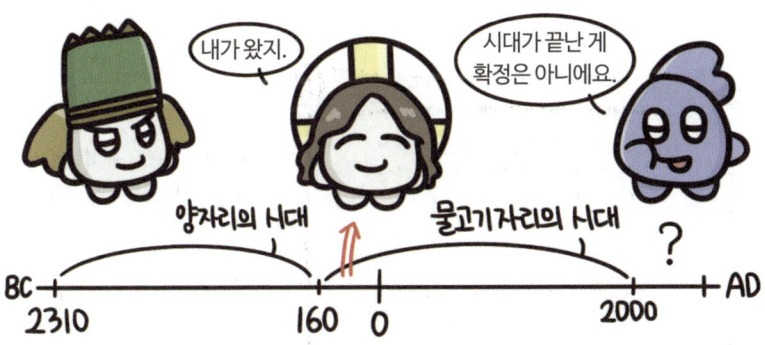

양자리의 시대가 끝날 때 예수가 인간들의 죄를 짊어지고
세상을 떠났기에 인간은 심판의 날을 피할 수 있던 것이다.

두 번째 방법, 뉴턴이 지구 종말을 계산한 방식!
뉴턴은 생애 대부분 신학을 연구하는 데 힘썼다.

뉴턴은 성경의 여러 구절들을 통해
인류의 종말, 돌아올 심판의 날을 계산했다.

..성도들은 그의 손에 붙인 바 되어
한 때와 두 때와 반 때를 지내리라
그러나 심판이 시작되면 ..완전히 멸망할 것이요
(다니엘 7장 25~26절)

..이방인에게 주었은즉 그들이 거룩한 성을
마흔두 달 동안 짓밟으리라
(요한계시록 11장 2절)

사랑하는 자들아 주께는 하루가 천 년 같고
천 년이 하루 같다는 이 한 가지를 잊지 말라
(베드로후서 3장 8절)

한때 + 두때 + 반때
12개월 24개월 6개월
= 42개월
= 1260일
주의 하루(1일) = 1000년
⇒ 1260년 뒤 종말
기준이 되는 날은?

카롤루스가 황제에 즉위한 년도 AD 800
AD 800 ⊕ 1260 ⊖ 2060년

아마도 종말이 닥치면 우리는 온몸으로 느낄 수 있을 것이다.

신들은 인간들에게 다시 돌아올 것인가?
그렇다면 그때는 신의 축복인가, 아니면 심판의 날인가?

우리는 어디서 왔는가?
언젠가 분명 인간은 운명의 답을 찾을 것이다.

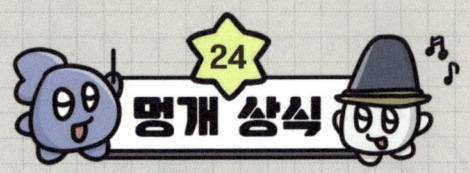

양자역학과 우주

▲ 빅뱅을 시작으로 우주팽창론을 그린 개념도

19세기 과학계는 원자를 발견했다. 눈에 보이지 않는 원자는 쪼갤 수 없는 가장 작은 입자다. 과학자들은 원자핵을 중심으로 전자가 규칙적인 궤도를 도는 모형을 만들었다. 이 시기의 모든 것은 수(數)로 정의내리는 것이 당연했는데, 물리학자 막스 보른Max Born이 슈뢰딩거의 파동방정식을 수정하면서 전자는 정확한 수(數)가 아닌 확률이라고 주장했다.

아인슈타인은 〈광전효과〉 논문을 시작으로 양자 이론에 큰 공헌을 했지만, 정작 본인은 양자역학 연구를 반대하며 '신은 주사위 놀이를 하지 않는다'고 주장했다. 그는 종교의 신을 믿지 않았지만, 우주의 법칙과 질서 자체를 신으로 믿었다.

양자역학은 만물을 이루는 원자 안의 전자를 설명하는 학문이다. 고전역학은 인간이 보는 정확한 움직임이지만, 양자역학은 볼 수 없고 정해지지 않는 움직임이다. 간단히 말해, 고전역학은 결정론이고 양자역학은 확률이다.

빅뱅의 순간에 만들어진 원소들로 인간이 만들어졌고, 인간이 죽으면 원자로 흩어져 그중 어떤 원자는 우주의 별을 만들어낸다. 칼 세이건의 말 '인간은 별의 후손이다'는 단순한 철학이 아니라 할 수 있다.

에필로그

멍개예요!
먼저 똥개들에게 감사인사를 드릴게요.

원래 저는 한 달 반 정도에 한 시리즈를 진행했는데
이번 시리즈는 5~6개월이 걸려서 정말 미안했습니다.

집필 계기 | 잡학 지식에 걸맞게 신화를 하려 했는데 한참 미스터리에 빠져 있어서 고민하지 않고 수메르를 택했어요.

만화의 목적 | 최초로 알려진 인류의 문명과 신화로 독자분들이 '인류(나)의 출신'에 관심을 갖게 하고 싶었어요.

> 무엇이 선이고 악인지 구분이 어려울 때도 있었죠.

엔릴의 대홍수의 원인은 '성적 타락'이었어요.
아무 근거도 없는 짓이 아니었죠.

후계자 생산을 위해 사랑을 나눈 것
이외에는 그 흔했던 외도를 하지 않았어요.

엔릴은 매우 엄격했지만
자신의 가족들을 매우 아꼈어요.

인안나의 말썽은 남편 두무지가 죽은 이유를 계기로 시작됐어요.

알랄루와 마르둑은 혈통을 이유로 인정받을 수 없었고,
반란을 저질렀지만 그들은 장자였기 때문에 그럴 만하기도 했어요.

마르둑이 지구에 남은 이유 중 하나는
반인반신이어서 니비루로 가지 못하는 아내 때문이었어요.

수메르 신화를 연재하면서 저는 많은 것을 얻었어요.

여러분이 저와 나눈 지식들로 세상을 더 풍부하게
바라볼 수 있다면 좋겠습니다. 재밌는 게 너무 많으니까요!!

* '만화로 보는 수메르 신화'를
아껴주신 모든 분에게 감사드립니다.

맺음말

신화의 기원을 찾아서

풀리지 않는 의문으로 마지막을 장식했지만, 여러분도 '우리가 어디서 왔는가'에 대해 조금은 관심 갖게 되었기를 바랍니다. 인간이 스스로에 대해 의문을 갖는 것은 기본적 욕구이고 인류의 영원한 숙제라고 할 수 있습니다.

수메르는 현재까지 알려진 인류 최초의 문명으로, 점토판의 기록을 해석해 우리는 최초의 신화를 만날 수 있었고, 모든 신화가 한 뿌리에서 시작됐음을 알 수 있었습니다.

수메르 신화의 가치를 전하기 위해 저는 기본적인 근동의 역사와 자잘한 천문학 지식, 성경의 내용까지 공부했습니다. 여러 지식을 한 공간에 풀어내고 다시 잇는 작업은 쉽지 않았습니다. 하지만 독자가 제가 준비한 정보를 접하고 흥분하는 모습을 지켜보는 건 작가로서 큰 기쁨이지요. 그래서 책장을 덮는 독자들의 마음이 너무 궁금하고 함께 이야기할 순간을 고대하게 됩니다.

제가 교양만화 연재를 고민하기 시작한 건 얼마 되지 않았습니다. 그중에서도 수메르 신화를 먼저 선택한 건 그게 무엇이든 기초가 가장 중요하다 생각했기 때문입니다. 기초가 충분하지 않은 건물은 재난에 쉽게 무너지게 마련이죠. 수학의 기초가 잘 잡혀 있다면 어떤 문제를 만나도 기초에서 답을 찾을 수 있을 겁니다.

세계에는 재미있는 신화가 참 많은데, 먼저 읽어야 할 1권을 생략하고 지나간다면 다음 권의 내용이 덜 재밌거나 이해되지 않을 수 있습니다. 저는 여러분과 함께 기반을 다지기 위해 수메르 신화를 선택했습니다. 수메르 신화에서 성경 속 이야기와 신화들이 공통적으로 보여주는 소재의 원전을 찾았습니다. 주요 내용의 이해를 위해 〈길가메시 서사시〉를 담지 못한 것은 아쉬웠지만요.

처음 세상에 내놓는 작품이라 부담이 컸습니다. 원고를 준비하면서 다른 일을 병행하기에는 시간이 부족해 반년가량 여가를 꽤 많이 포기하기도 했습니다. 괜히 울적하기도 하고 외로움을 느끼기도 했지요. 그럼에도 불구하고 연재를 계속할 수 있었던 건 사람들이 저에 대한 희망을 잃지 않았기 때문입니다.

살면서 여실히 느낀 게 하나 있습니다. 사람의 관계가 신뢰로 이어져 있다는 것이지요. 누군가의 무조건적인 믿음은 지친 삶을 이어 가게 만들어주고 자신을 사랑할 수 있게 해줍니다. 부족한 작가를 발굴해주시고, 연재의 불안정 속에서도 믿고 기다려주신 출판사에 감사 인사를 전합니다. 좋은 출판사와 에디터를 만난 건 제게 큰 행운이었습니다.

작품을 연재하는 시간은 정말 빠르게 지나갔습니다. 그 기간 동안 저는 수많은 지식을 배우고 그림도 발전했습니다. 무엇보다 자신에 대한 믿음을 얻었습니다.

　책 출간 소식에 축하와 응원을 준 가족에게 감사의 말을 전합니다. 특히 조금의 불편이라도 덜어주려 세심하게 신경써주신 어머니께 감사합니다. 또 연재 기간 내내 조언과 도움을 아끼지 않았고, 건강하게 연재를 마칠 수 있도록 지켜준 저의 연인에게 무한 감사를 드립니다. 마지막으로 제 삶의 이유를 만들어주는 반려견에게 사랑의 인사를 전합니다.

　아마추어 작가로 만화를 연재하던 제가 많은 이들의 도움과 행운 덕분에 만화가라는 꿈을 이루었습니다. 꿈을 잊지 않은 과거의 나에게도 감사합니다. 저는 지금 오늘의 삶에 대한 애정, 미래의 희망을 동시에 느낍니다. 만화를 통해 흥미로운 지식을 더 많이 전달하는 것이 제 목표입니다. 따라서 만화의 주제는 끝이 없을 겁니다. 지식을 사랑하는 분들이 제 독자여서 자랑스럽습니다. 앞으로도 오래 함께 할 수 있으면 좋겠습니다.

- 2023년 3월 멍개

참고문헌

김산해, 《신화는 수메르에서 시작되었다》, 가람기획, 2003.
김원익, 《1일 1페이지, 세상에서 가장 짧은 신화 수업 365》, 위즈덤하우스, 2021.
새뮤얼 노아 크레이머, 박성식 옮김, 《역사는 수메르에서 시작되었다》, 가람기획, 2018.
제카리아 시친, 이근영 옮김, 《수메르, 혹은 신들의 고향》, AK(이른아침), 2009.
제카리아 시친, 이재황 옮김, 《신들의 전쟁, 인간들의 전쟁》, AK(이른아침), 2009.
제카리아 시친, 이근영 옮김, 《틸문, 그리고 하늘에 이르는 계단》, AK(이른아침), 2009.
제카리아 시친, 이재황 옮김, 《엘도라도, 혹은 사라진 신의 왕국들》, AK(이른아침), 2010.
제카리아 시친, 이재황 옮김, 《시간이 멈추는 날》, AK(이른아침), 2011.
주동주, 《수메르 문명과 역사》, 종합출판범우, 2018.

이미지 출처

- 26쪽 위키백과
- 40쪽 (위) ⓒEx Oriente Lux (아래) ⓒMary Harrsch
- 54쪽 위키백과
- 68쪽 ⓒNASA
- 82쪽 ⓒCaltech
- 96쪽 위키백과
- 110쪽 ⓒen.wikipedia.org
- 124쪽 위키백과
- 138쪽 위키백과
- 152쪽 ⓒcommons.wikimedia.org
- 166쪽 위키백과
- 180쪽 ⓒjwa.org
- 194쪽 위키백과
- 208쪽 ⓒen.wikipedia.org
- 222쪽 위키백과
- 236쪽 ⓒNASA
- 250쪽 ⓒen.wikipedia.org
- 264쪽 ⓒMaayan Harel
- 292쪽 ⓒworldhistory.org
- 306쪽 ⓒbl.uk
- 320쪽 ⓒen.wikipedia.org
- 348쪽 ⓒNASA_WMAP Science Team